企业税务风险管理实务

林哲／编著

精：内容精简

实：平实易懂

新：收录新政

U0791981

TAX

QIYE SHUIWU
FENGXIAN GUANLI SHIWU

东北财经大学出版社
Dongbei University of Finance & Economics Press
大连

图书在版编目（CIP）数据

企业税务风险管理实务 / 林哲编著. —大连 ：东北财经大学出版社，2022.6

ISBN 978-7-5654-4498-2

Ⅰ. 企… Ⅱ. 林… Ⅲ. 企业管理-税收管理-风险管理-研究-中国 Ⅳ. F812.423

中国版本图书馆CIP数据核字（2022）第047988号

东北财经大学出版社出版

（大连市黑石礁尖山街217号 邮政编码 116025）

网 址：http：//www.dufep.cn

读者信箱：dufep@dufe.edu.cn

大连永盛印业有限公司印刷 东北财经大学出版社发行

幅面尺寸：170mm×240mm 字数：237千字 印张：12.5 插页：1

2022年6月第1版 2022年6月第1次印刷

责任编辑：王 丽 孙 越 赵 楠 责任校对：孙 楠

封面设计：冀贵收 版式设计：原 皓

定价：42.00元

教学支持 售后服务 联系电话：（0411）84710309
版权所有 侵权必究 举报电话：（0411）84710523
如有印装质量问题，请联系营销部：（0411）84710711

前言

2021年3月，中共中央办公厅、国务院办公厅印发了《关于进一步深化税收征管改革的意见》，围绕把握新发展阶段、贯彻新发展理念、构建新发展格局，深化税收征管制度改革，着力建设智慧税务，深入推进精确执法、精细服务、精准监管、精诚共治，大幅提高税法遵从度和社会满意度。

笔者在多年的从税实践中深切体会到，简政放权的深入推进和减税降费组合拳的迭代升级在大力优化营商环境、带给企业真金白银利好的同时，对税企双方的业务和能力水平也提出了更高的要求。企业税务风险管理不再纯粹是企业财税部门的职责，将和企业整体的布局、运营、规划等紧密联结。

本书旨在为广大企业、税务人员提供一本简明实用的工具书，帮助征纳双方更好地掌握现行税收政策，有效化解征纳风险。本书也可以作为财税专业学生学习了解税务风险管理的阅读书目，增进对税务风险管理实务的理解和探索。

本书的编写力求以“精”“实”“新”为特色。“精”，即内容精简。本书不求厚而全，结合笔者从税实践，精心选取了企业主要资格认定、重点税收优惠、资本税收政策等几个维度作为重点，兼顾广覆盖政策、高风险政策及税种联动，并和地方政府推进科技创新工程、推动上市公司扩量提质等重点工作相契合。本书还编辑了相关政策附录，在每章末配以二维码，供读者延伸阅读，增进学习效果。“实”，即平实易懂。笔者结合实践经验，将企业常见、多发的政策风险点以“风险提示”的形式点明，直截了当，一目了然，并配以简明扼要的案例解析，突出政策实操性。“新”，即收录新政。本书涉及的税收政策截至2022年6月。在本书编写过程中，有关部门延长了部分税收优惠政策执行期限，并新出台了科技型中小企业评价服务工作指引、中小微企业设备器具所得税税前扣除政策、小微企业税收优惠政策等，笔者都及时一一做了调整，以保障读者更好的阅读体验和使用效果。

全书共分为四章：第1章企业主要资格认定风险管理，梳理了高新技术企业、科技型中小企业等五类主要的享受税收优惠待遇的资质类型认定管理中的风险管理。第2章重点税收优惠风险管理，梳理了小微企业税费优惠政策、研发费用加计扣除优惠政策等受惠企业面广、优惠金额多、税务机关密切关注的税收优惠政策风险管理。第3章资本税收政策风险管理，梳理了企业重组、融资、分红、股权激励等与资本市场息息相关的税收业务政策风险管理。第4章其他税收政策风险管理，梳理了《企业所得税税前扣除凭证管理办法》《企业所得税优惠政策事项办理办法》这两个近年出台的重要文件，以及企业资产损失所得税税前扣除、政策性搬迁这两类长期备受关注的高风险事项风险管理。

本书的编写和顺利出版离不开方方面面的支持和帮助，在此表示衷心感谢！特别需要说明的是，本书的税务分析仅为笔者自己的学术探索，并不代表笔者供职单位的意见。由于时间仓促，加之笔者水平和经验有限，书中难免有疏漏和不足之处，敬请读者批评指正。

林　哲

2022年6月

目录

1 企业主要资格认定风险管理

1.1 高新技术企业

2008年《中华人民共和国企业所得税法》（以下简称《企业所得税法》）及《中华人民共和国企业所得税法实施条例》（以下简称《企业所得税法实施条例》）的实施，将国家需要重点扶持的高新技术企业减按15%的税率征收企业所得税以法律形式予以确认。科技部、财政部、国家税务总局同年联合发布《科技部 财政部 国家税务总局关于印发〈高新技术企业认定管理办法〉的通知》（国科发火〔2008〕172号）及《科技部 财政部 国家税务总局关于印发〈高新技术企业认定管理工作指引〉的通知》（国科发火〔2008〕362号），对高新技术企业认定与管理作出了系统而详细的规定。

2016年，为加大对科技型企业特别是中小企业的政策扶持，有力推动大众创业、万众创新，培育创造新技术、新业态和提供新供给的生力军，科技部、财政部、国家税务总局适时发布《科技部 财政部 国家税务总局关于修订印发〈高新技术企业认定管理办法〉的通知》（国科发火〔2016〕32号，本节以下简称《认定办法》）以及《科技部 财政部 国家税务总局关于修订印发〈高新技术企业认定管理工作指引〉的通知》（国科发火〔2016〕195号，本节以下简称《工作指引》）。这两份文件在2008版的基础上进行了修订完善，细化了认定标准，简化了认定程序，加强了监督管理，主要体现在以下五个方面：一是调整“研发费用占销售收入比例”指标，将最近一年销售收入小于5 000万元（含）的企业研发费用总额占同期销售收入总额的比例由6%调整为5%，使规模较小、研发投入相对较少的中小企业获益。二是调整“科技人员占比”指标。考虑到企业研发形式日益多样，产学研合作逐步深入，研发外包、开放式众包等渐成趋势，企业越来越依靠外部力量开展研发活动，为更加适应企业研发创新的发展需求，将原“具有大学专科以上学历的科技人员占企业当年职工总数的30%以上，其中研发人员占企业当年职工总数的

10%以上”的条件，调整为“企业从事研发和相关技术创新活动的科技人员占企业当年职工总数的比例不低于10%”。三是调整认定条件中对知识产权的要求。取消原有“近三年内”获得知识产权的限制，也取消了原有“5年以上独占许可”获得知识产权的方式，这样一方面鼓励了企业自主研发，同时也有助于避免知识产权滥用，而企业仍可通过技术转让等方式获得知识产权、促进科技成果转化和产业化，有利于更好地落实新修订的《中华人民共和国促进科技成果转化法》。四是缩短公示时间。认定企业在“高新技术企业认定管理工作网”上公示的时间由原15个工作日改为10个工作日，提高了工作效率。五是增加异地搬迁内容。为促进区域产业转移和协调发展，增加对异地搬迁企业资质互认的相关内容，明确跨认定机构管理区域整体迁移的高新技术企业，在其高新技术企业资格有效期内完成迁移的，其资格继续有效。

随着高新技术企业资格的“含金量”不断提升，不少企业开始考虑申请高新技术企业，进一步促进自身的创新发展。从实践看，企业无论在申请高新技术企业资格过程中还是在申请通过后的资格有效期内，都要特别注重知识产权、高品收入、科技人员、研发费用等各方面的监管要求，提前做好“功课”，确保申请过程合规、各项指标达标，避免被取消资格、追缴税收优惠等情况发生。

1.1.1 认定条件

1.1.1.1 成立天数与计算年度

《认定办法》第十一条“须注册成立一年以上”是指企业须注册成立365个日历天数以上；“当年”、“最近一年”和“近一年”都是指企业申报前1个会计年度；“近三个会计年度”是指企业申报前的连续3个会计年度（不含申报年）；“申请认定前一年内”是指申请前的365天之内（含申报年）。

风险提示

申请高新技术企业认定时，企业需关注成立天数是否符合条件；企业计算高品收入比例、科技人员比例、研发费用比例时的年度是否对应正确。

1.1.1.2 知识产权的类型

知识产权类型包括发明专利（含国防专利）、植物新品种、国家级农作物品种、国家新药、国家一级中药保护品种、集成电路布图设计专有权、实用新型专利、外观设计专利、软件著作权等（不含商标）。

发明、实用新型、外观设计、集成电路布图设计专有权可在国家知识产权局网站查询专利标记和专利号；国防专利须提供国家知识产权局授予的国防专利证书；植物新品种可在农业部[①]植物新品种保护办公室网站[②]和国家林业局[③]植物新品种保护办公室网站查询；国家级农作物品种是指农业部国家农作物品种审定委员会审定公告的农作物品种；国家新药须提供国家食品药品监督管理局[④]签发的新药证书；国家一级中药保护品种须提供国家食品药品监督管理局签发的中药保护品种证书；软件著作权可在中国版权保护中心网站查询软件著作权标记（亦称版权标记）。

高新技术企业认定中，对企业知识产权情况采用分类评价方式，其中，发明专利（含国防专利）、植物新品种、国家级农作物品种、国家新药、国家一级中药保护品种、集成电路布图设计专有权等按Ⅰ类评价，实用新型专利、外观设计专利、软件著作权等（不含商标）按Ⅱ类评价。按Ⅰ类评价的知识产权在申请高新技术企业时可以多次使用。按Ⅱ类评价的知识产权在申请高新技术企业时，仅限使用一次。不具备知识产权的企业不能认定为高新技术企业。

风险提示

申请高新技术企业认定时，企业需关注其知识产权是否是规定范围内的类型；是否符合使用次数规定。要说明的是，企业没有Ⅰ类知识产权也可以申请高新技术企业认定，但是没有发明专利等Ⅰ类知识产权，技术专家对企业自主创新能力评价的分数会相对偏低。

1.1.1.3 知识产权的有效性

高新技术企业认定所指的知识产权须在中国境内授权或审批审定，并在中国法律的有效保护期内。知识产权权属人应为申请企业。申请认定时专利的有效性以企业申请认定前获得授权证书或授权通知书并能提供缴费收据为准。在申请高新技术企业及高新技术企业资格存续期内，知识产权有多个权属人时，只能由一个权属人在申请时使用。

风险提示

知识产权权属人是否为申请企业，特别是企业发生过名称变更情形的。

是否存在多个权属人同时申请高新技术企业的情况，特别是集团公司及关联公司情形。若有多个企业是共同权属人，只能由一个权属人在申请时使用。

知识产权是否仅在中国境外注册授权，国外专利不能作为符合认定条件要求的知识产权。

① 现为“农业农村部”，本书后同。
② 现为“农业农村部科技发展中心网站”，本书后同。
③ 现为“国家林业和草原局”，本书后同。
④ 现为“国家药品监督管理局”，本书后同。

知识产权是否已过有效期。

1.1.1.4 知识产权的获取途径

企业通过自主研发、受让、受赠、并购等方式，获得对其主要产品（服务）在技术上发挥核心支持作用的知识产权的所有权。

风险提示

企业需关注其知识产权获取方式是否符合条件，关注2016版《认定办法》与2008版《认定办法》中条件的区别，2016版《认定办法》取消了2008版《认定办法》“近三年内”获得知识产权的限制及“5年以上独占许可”获得知识产权的方式。

1.1.1.5 高新技术产品（服务）与主要产品（服务）比例

高新技术产品（服务）是指对其发挥核心支持作用的技术属于《国家重点支持的高新技术领域》规定范围的产品（服务）。主要产品（服务）是指高新技术产品（服务）中，拥有在技术上发挥核心支持作用的知识产权的所有权，且收入之和在企业同期高新技术产品（服务）收入中超过50%的产品（服务）。

高新技术产品（服务）收入占比是指高新技术产品（服务）收入与同期总收入的比值。

（1）高新技术产品（服务）收入。高新技术产品（服务）收入是指企业通过研发和相关技术创新活动取得的产品（服务）收入与技术性收入的总和。对企业取得上述收入发挥核心支持作用的技术应属于《国家重点支持的高新技术领域》规定的范围。其中，技术性收入包括：①技术转让收入：指企业技术创新成果通过技术贸易、技术转让所获得的收入；②技术服务收入：指企业利用自己的人力、物力和数据系统等为社会和本企业外的用户提供技术资料、技术咨询与市场评估、工程技术项目设计、数据处理、测试分析及其他类型的服务所获得的收入；③接受委托研究开发收入：指企业承担社会各方面委托研究开发、中间试验及新产品开发所获得的收入。企业应正确计算高新技术产品（服务）收入，由具有资质并符合《工作指引》相关条件的中介机构进行专项审计或鉴证。

（2）总收入。总收入是指收入总额减去不征税收入。收入总额与不征税收入按照《企业所得税法》及《企业所得税法实施条例》的规定计算。《企业所得税法》第六条规定：企业以货币形式和非货币形式从各种来源取得的收入为收入总额，包括：①销售货物收入；②提供劳务收入；③转让财产收入；④股息、红利等权益性投资收益；⑤利息收入；⑥租金收入；⑦特许权使用费收入；⑧接受捐赠收入；⑨其他收入。第七条规定：收入总额中的下列收入为不征税收入，包括：①财政拨款；②依法收取并纳入财政管理的行政事业性收费、政府性基金；③国务院规定的其他不征税收入。

根据《财政部 国家税务总局关于专项用途财政性资金企业所得税处理问题的通知》（财税〔2011〕70号）的规定：企业从县级以上各级人民政府财政部门及其他部门取得的应计入收入总额的财政性资金，凡同时符合以下条件的，可以作为不征税收入，在计算应纳税所得额时从收入总额中减除：①企业能够提供规定资金专项用途的资金拨付文件；②财政部门或其他拨付资金的政府部门对该资金有专门的资金管理办法或具体管理要求；③企业对该资金以及以该资金发生的支出单独进行核算。企业将符合上述规定条件的财政性资金作不征税收入处理后，在5年（60个月）内未发生支出且未缴回财政部门或其他拨付资金的政府部门的部分，应计入取得该资金第六年的应税收入总额。

企业所得税年度汇算清缴中的高新技术产品（服务）与主要产品（服务）收入比例填报见表1-1第4～10行。

表1-1　　A107041高新技术企业优惠情况及明细表

<table>
<tr><td colspan="5">税收优惠基本信息</td></tr>
<tr><td>1</td><td rowspan="3">企业主要产品（服务）发挥核心支持作用的技术所属范围</td><td rowspan="3">国家重点支持的高新技术领域</td><td>一级领域</td><td></td></tr>
<tr><td>2</td><td>二级领域</td><td></td></tr>
<tr><td>3</td><td>三级领域</td><td></td></tr>
<tr><td colspan="5">税收优惠有关情况</td></tr>
<tr><td>4</td><td rowspan="7">收入指标</td><td colspan="2">一、本年高新技术产品（服务）收入（5+6）</td><td></td></tr>
<tr><td>5</td><td colspan="2">其中：产品（服务）收入</td><td></td></tr>
<tr><td>6</td><td colspan="2">技术性收入</td><td></td></tr>
<tr><td>7</td><td colspan="2">二、本年企业总收入（8-9）</td><td></td></tr>
<tr><td>8</td><td colspan="2">其中：收入总额</td><td></td></tr>
<tr><td>9</td><td colspan="2">不征税收入</td><td></td></tr>
<tr><td>10</td><td colspan="2">三、本年高新技术产品（服务）收入占企业总收入的比例（4÷7）</td><td></td></tr>
<tr><td>11</td><td rowspan="3">人员指标</td><td colspan="2">四、本年科技人员数</td><td></td></tr>
<tr><td>12</td><td colspan="2">五、本年职工总数</td><td></td></tr>
<tr><td>13</td><td colspan="2">六、本年科技人员占企业当年职工总数的比例（11÷12）</td><td></td></tr>
</table>

续表

税收优惠基本信息						
14	研发费用指标	高新研发费用归集年度	本年度	前一年度	前二年度	合计
			1	2	3	4
15		七、归集的高新研发费用金额（16+25）				
16		（一）内部研究开发投入（17+…+22+24）				
17		1.人员人工费用				
18		2.直接投入费用				
19		3.折旧费用与长期待摊费用				
20		4.无形资产摊销费用				
21		5.设计费用				
22		6.装备调试费与实验费用				
23		7.其他费用				
24		其中：可计入研发费用的其他费用				
25		（二）委托外部研发费用［（26+28）×80%］				
26		1.境内的外部研发费				
27		2.境外的外部研发费				
28		其中：可计入研发费用的境外的外部研发费				
29		八、销售（营业）收入				
30		九、三年研发费用占销售（营业）收入的比例（15行4列÷29行4列）				
31	减免税额	十、国家需要重点扶持的高新技术企业减征企业所得税				
32		十一、经济特区和上海浦东新区新设立的高新技术企业定期减免税额				

第4行“一、本年高新技术产品（服务）收入”填报5行+6行金额。第5行“产品（服务）收入”填报纳税人本年发挥核心支持作用的技术属于《国家重点支持的高新技术领域》规定范围的产品（服务）收入。第6行“技术性收入”包括技术转让收入、技术服务收入和接受委托研究开发收入。第7行“二、本年企业总收入”填报8行-9行金额。第8行“（一）收入总额”填报纳税人本年以货币形式和非货币形式从各种来源取得的收入总额，包括销售货物收入，提供劳务收入，转让财产收入，股息、红利等权益性投资收益，利息收入，租金收入，特许权使用费收

入，接受捐赠收入，其他收入。第9行“不征税收入”填报纳税人本年符合相关政策规定的不征税收入。第10行“三、本年高新技术产品（服务）收入占企业总收入的比例”填报4行÷7行计算后的比例。

风险提示

高新技术企业在高新技术产品（服务）与主要产品（服务）方面需满足以下几点要求，并在企业所得税汇算清缴中正确填报：(1) 对其高新技术产品（服务）发挥核心支持作用的技术属于《国家重点支持的高新技术领域》规定的范围。(2) 近一年高新技术产品（服务）收入占企业同期总收入的比例不低于60%。(3) 主要产品（服务）在企业同期高新技术产品（服务）收入中超过50%。(4) 取得对其主要产品（服务）在技术上发挥核心支持作用的知识产权的所有权。(5) 表1-1第10行“三、本年高新技术产品（服务）收入占企业总收入的比例(4÷7)”不得为空或小于60%。(6) 关注表1-1第8行“其中：收入总额”的企业所得税年报表间逻辑关系。比如，表1-1第8行“其中：收入总额”小于（表1-2第1行“一、营业收入”+表1-2第9行“加：投资收益”（为正数时的值）+表1-2第11行“加：营业外收入”）之和，可能存在填报错误。需特别关注转让财产收入，股息、红利等权益性投资收益，利息收入，租金收入，特许权使用费收入，接受捐赠收入，搬迁收入等。(7) 关注表1-1第9行“不征税收入”的企业所得税年报表间逻辑关系。比如，表1-3第6行第3列“其中：符合不征税收入条件的财政性资金_本年_金额”≠表1-1第9行“不征税收入”，可能存在填报错误。需特别关注是否符合不征税收入处理条件。表1-2和表1-3分别是《A100000中华人民共和国企业所得税年度纳税申报表（A类）》和《专项用途财政性资金纳税调整明细表》。

表1-2　　A100000中华人民共和国企业所得税年度纳税申报表（A类）

行次	类别	项　目	金额
1	利润总额计算	一、营业收入（填写A101010\101020\103000）	
2		减：营业成本（填写A102010\102020\103000）	
3		减：税金及附加	
4		减：销售费用（填写A104000）	
5		减：管理费用（填写A104000）	
6		减：财务费用（填写A104000）	
7		减：资产减值损失	
8		加：公允价值变动收益	
9		加：投资收益	

续表

行次	类别	项　目	金额
10		二、营业利润（1-2-3-4-5-6-7+8+9）	
11		加：营业外收入（填写A101010\101020\103000）	
12		减：营业外支出（填写A102010\102020\103000）	
13		三、利润总额（10+11-12）	
14	应纳税所得额计算	减：境外所得（填写A108010）	
15		加：纳税调整增加额（填写A105000）	
16		减：纳税调整减少额（填写A105000）	
17		减：免税、减计收入及加计扣除（填写A107010）	
18		加：境外应税所得抵减境内亏损（填写A108000）	
19		四、纳税调整后所得（13-14+15-16-17+18）	
20		减：所得减免（填写A107020）	
21		减：弥补以前年度亏损（填写A106000）	
22		减：抵扣应纳税所得额（填写A107030）	
23		五、应纳税所得额（19-20-21-22）	
24	应纳税额计算	税率（25%）	
25		六、应纳所得税额（23×24）	
26		减：减免所得税额（填写A107040）	
27		减：抵免所得税额（填写A107050）	
28		七、应纳税额（25-26-27）	
29		加：境外所得应纳所得税额（填写A108000）	
30		减：境外所得抵免所得税额（填写A108000）	
31		八、实际应纳所得税额（28+29-30）	
32		减：本年累计实际已缴纳的所得税额	
33		九、本年应补（退）所得税额（31-32）	
34		其中：总机构分摊本年应补（退）所得税额（填写A109000）	
35		财政集中分配本年应补（退）所得税额（填写A109000）	
36		总机构主体生产经营部门分摊本年应补（退）所得税额（填写A109000）	
37	实际应纳税额计算	减：民族自治地区企业所得税地方分享部分：（□免征 □减征：减征幅度____%）	
38		十、本年实际应补（退）所得税额（33-37）	

表1-3

A104000专项用途财政性资金纳税调整明细表

行次	项目	取得年度	财政性资金	其中：符合不征税收入条件的财政性资金		以前年度支出情况					本年支出情况		本年结余情况		
				金额	其中：计入本年损益的金额	前五年度	前四年度	前三年度	前二年度	前一年度	支出金额	其中：费用化支出金额	结余金额	其中：上缴财政金额	应计入本年应税收入金额
		1	2	3	4	5	6	7	8	9	10	11	12	13	14
1	前五年度														
2	前四年度					*									
3	前三年度					*	*								
4	前二年度					*	*	*							
5	前一年度					*	*	*	*						
6	本年					*	*	*	*	*					
7	合计（1+2+…+6）	*				*	*	*	*	*					

高新技术企业认定时，仅关注企业申报前1个会计年度的指标情况；高新技术企业认定通过后，关注资格有效期内每年的指标情况。企业应当准确了解高新技术产品（服务）与主要产品（服务）的概念及区别：高新技术产品（服务）仅要求对其发挥核心支持作用的技术属于《国家重点支持的高新技术领域》规定范围，不要求企业具有该项技术的所有权，而主要产品（服务）进一步要求企业具有该技术的所有权。主要产品（服务）收入一定是高新技术产品（服务）收入，高新技术产品（服务）收入却不一定是主要产品（服务）收入。企业应当能够正确计算高新技术产品（服务）收入与主要产品（服务）收入，能够提供具体计算方法及依据，由具有资质并符合《工作指引》相关条件的中介机构进行专项审计或鉴证。企业要特别关注企业总收入的计算口径是否正确，对收入情况做好总体规划与测算，避免因为取得大额拆迁收入、大额投资收益等特殊情况导致高品收入不达标的情况发生。

1.1.1.6 科技人员比例

企业科技人员比例是企业科技人员数与职工总数的比值。企业科技人员是指直接从事研发和相关技术创新活动，以及专门从事上述活动的管理和提供直接技术服务，累计实际工作时间在183天以上的人员，包括在职、兼职和临时聘用人员。企业职工总数包括企业在职、兼职和临时聘用人员。在职人员可以通过企业是否签订了劳动合同或缴纳了社会保险来鉴别；兼职、临时聘用人员全年须在企业累计工作183天以上。

企业当年职工总数、科技人员数均按照全年月平均数计算。月平均数=（月初数＋月末数）÷2；全年月平均数=全年各月平均数之和÷12；年度中间开业或者终止经营活动的，以其实际经营期作为一个纳税年度确定上述相关指标。

企业所得税年度汇算清缴中的科技人员填报见表1-1第11～13行。第11行“四、本年科技人员数”填报纳税人直接从事研发和相关技术创新活动，以及专门从事上述活动的管理和提供直接技术服务、累计实际工作时间在183天以上的人员，包括在职、兼职和临时聘用人员。第12行“五、本年职工总数”填报纳税人本年在职、兼职和临时聘用人员。在职人员可以通过企业是否签订劳动合同或缴纳社会保险来判断。兼职、临时聘用人员全年须在企业累计工作183天以上。第13行“六、本年科技人员占企业当年职工总数的比例”填报11行÷12行的比例。

风险提示

高新技术企业在从事研发和相关技术创新活动的科技人员方面需满足以下几点要求，并在企业所得税汇算清缴中正确填报。（1）企业从事研发和相关技术创新活动的科技人员占企业当年职工总数的比例不低于10%。（2）表1-1第13行“六、本年科技人员占企业当年职工总数的比例（11÷12）”不得为空或小于10%。

高新技术企业认定时，仅关注企业申报前1个会计年度的指标情况；高新技术企业认定通过后，关注资格有效期内每年的指标情况。企业应当关注科技人员的内涵。除了“直接从事研发和相关技术创新活动”，科技人员还包括“专门从事上述活动的管理和提供直接技术服务”的人员。科技人员须“累计实际工作时间在183天以上”。统计方法为全年月平均数，而不是年初、年末等时点数。

1.1.1.7 研发费用比例

企业研究开发活动是指为获得科学与技术（不包括社会科学、艺术或人文学）新知识，创造性运用科学技术新知识，或实质性改进技术、产品（服务）、工艺而持续进行的具有明确目标的活动；不包括企业对产品（服务）的常规性升级或对某项科研成果直接应用等活动（如直接采用新的材料、装置、产品、服务、工艺或知识等）。

专家评价过程中可参考如下方法判断：

（1）行业标准判断法。若国家有关部门、全国（世界）性行业协会等具备相应资质的机构提供了测定科技“新知识”、“创造性运用科学技术新知识”或“具有实质性改进的技术、产品（服务）、工艺”等技术参数（标准），则优先按此参数（标准）来判断企业所进行的项目是否为研究开发活动。

（2）专家判断法。如果企业所在行业中没有发布公认的研发活动测度标准，则通过本行业专家进行判断。获得新知识、创造性运用新知识以及技术的实质性改进，应当是取得被同行业专家认可的、有价值的创新成果，对本地区相关行业的技术进步具有推动作用。

（3）目标或结果判定法。在采用行业标准判断法和专家判断法不易判断企业是否发生了研发活动时，以本方法作为辅助。本方法重点了解研发活动的目的、创新性、投入资源（预算），以及是否取得了最终成果或中间成果（如专利等知识产权或其他形式的科技成果）。

企业应正确归集研发费用，由具有资质并符合《工作指引》相关条件的中介机构进行专项审计或鉴证。企业的研究开发费用是以单个研发活动为基本单位分别进行测度并加总计算的。企业应对包括直接研究开发活动和可以计入的间接研究开发活动所发生的费用进行归集，并填写《高新技术企业认定申请书》中的“企业年度研究开发费用结构明细表”。企业应按照“企业年度研究开发费用结构明细表”设置高新技术企业认定专用研究开发费用辅助核算账目，提供相关凭证及明细表，并按《工作指引》要求进行核算。

销售收入为主营业务收入与其他业务收入之和。主营业务收入与其他业务收入按照企业所得税年度纳税申报表的口径计算。

企业所得税年度汇算清缴中的研发费用填报见表1-1第14～30行。第14行“高新研发费用归集年度”无填报事项。与计算研发费用比例相关的第15行至第29行需填报三年数据，实际经营不满三年的按实际经营时间填报。第15行“七、归集的高新研发费用金额”填报第16+25行金额。第16行“（一）内部研究开发投入”填报第17+18+19+20+21+22+24行金额。第17行“1.人员人工费用”填报纳税人科技人员的工资薪金、基本养老保险费、基本医疗保险费、失业保险费、工伤保险费、生育保险费和住房公积金，以及外聘科技人员的劳务费用。第18行“2.直接投入费用”填报纳税人为实施研究开发活动而实际发生的相关支出，包括：直接消耗的材料、燃料和动力费用；用于中间试验和产品试制的模具、工艺装备开发及制造费，不构成固定资产的样品、样机及一般测试手段购置费，试制产品的检验费；用于研究开发活动的仪器和设备的运行维护、调整、检验、检测、维修等费用，以及通过经营租赁方式租入的用于研发活动的固定资产租赁费。第19行“3.折旧费用与长期待摊费用”填报纳税人用于研究开发活动的仪器、设备和在用建筑物的折旧费，研发设施的改建、改装、装修和修理过程中发生的长期待摊费用。第20行“4.无形资产摊销费用”填报纳税人用于研究开发活动的软件、知识产权、非专利技术（专有技术、许可证、设计和计算方法等）的摊销费用。第21行“5.设计费用”填报纳税人为新产品和新工艺进行构思、开发和制造，进行工序、技术规范、规程制定、操作特性方面的设计等发生的费用，包括为获得创新性、创意性、突破性产品进行的创意设计活动发生的相关费用。第22行“6.装备调试费与实验费用”填报纳税人工装准备过程中研究开发活动所发生的费用，包括研制特殊、专用的生产机器，改变生产和质量控制程序或制定新方法及标准等活动所发生的费用。第23行“7.其他费用”填报纳税人与研究开发活动直接相关的其他费用，包括技术图书资料费、资料翻译费、专家咨询费、高新科技研发保险费，研发成果的检索、论证、评审、鉴定、验收费用，知识产权的申请费、注册费、代理费，会议费、差旅费、通信费等。第24行“可计入研发费用的其他费用”填报纳税人为研究开发活动所发生的其他费用中不超过研究开发总费用的20%的金额，按（第17+22行）×20%÷（1-20%）与第23行的孰小值填报。第25行“（二）委托外部研发费用”填报纳税人委托境内外其他机构或个人进行研究开发活动所发生的费用（研究开发活动成果为委托方企业拥有，且与该企业的主要经营业务紧密相关）。委托外部研发费用的实际发生额应按照独立交易原则确定，实际发生额的80%可计入委托方研发费用总额。本行填报（第26+28行）×80%的金额。第26行“1.境内的外部研发费”填报纳税人委托境内其他机构或个人进行的研究开发活动所支出的费用。本行填报实际发生的境内的外部研发费用。第27行“2.境外的外部研发费”填报纳税人委托境外机构或个人完成的研究开发活动所发生的费用。受托研发的境外机构是指依照外国（地区）及我国港、澳、台地区法律成立的企业和其他取得收入的组织；受托研发的境外个人是指外籍及我国港、澳、台地区个人。本行填报实际发生的境外的外部研发费用。第28行“可计入研发费用的境外的外部研发费”，根据《高新技术企业认定管理办法》等规定，纳税人在中国境内发生的研发费用总额占全部研发费用总额的比例不低于60%，即境外发生的研发费用总额占全部研发费用总额的比例不超过40%。本行填报（第17+18+…+22+23+26行）×40%÷（1-40%）与第27行的孰小值。第29行“八、销售（营业）收入”填报纳税人主营业务收入与其他业务收入之和。第30行“九、三年研发费用占销售（营业）收入的比例”填报第15行4列÷第29行4列的比例。

风险提示

高新技术企业在研发费用方面需满足以下几点要求，并在企业所得税汇算清缴中正确填报：

（1）企业的研发活动符合条件。企业近三个会计年度（实际经营期不满三年的按实际经营时间计算）的研究开发费用总额占同期销售收入总额的比例符合要求。

（2）表1-1相关数据避免出现以下情况：

①第30行“九、三年研发费用占销售（营业）收入的比例（15行4列÷29行4列）”为空；

②当年度表1-2第1行数值小于5 000万元（含）时，表1-1第30行“九、三年研发费用占销售（营业）收入的比例（15行4列÷29行4列）”小于5%；

③当年度表1-2第1行数值在5 000万元（不含）至2亿元（含）时，表1-1第30行“九、三年研发费用占销售（营业）收入的比例（15行4列÷29行4列）”小于4%；

④当年度表1-2第1行数值在2亿元以上（不含）时，表1-1第30行“九、三年研发费用占销售（营业）收入的比例（15行4列÷29行4列）”小于3%；

⑤前二年度年报的表1-1第15行第1列“七、归集的高新研发费用金额-本年度”不等于当年度年报的表1-1第15行第3列“七、归集的高新研发费用金额-前二年度”；

⑥前一年度年报的表1-1第15行第1列“七、归集的高新研发费用金额-本年度”不等于当年度年报的表1-1第15行第2列“七、归集的高新研发费用金额-前一年度”；

⑦前二年度表1-2第1行“一、营业收入”不等于当年度表1-1第29行第3列“八、销售（营业）收入-前二年度”；

⑧前一年度表1-2第1行“一、营业收入”不等于当年度表1-1第29行第2列“八、销售（营业）收入-前一年度”；

⑨当年度表1-2第1行“一、营业收入”不等于当年度表1-1第29行第1列“八、销售（营业）收入-本年度”。

（3）关注以下研发费用比例异常情形：

①表1-1归集的高新研发费用中的人员人工费用或者直接投入费用比例非常高。

②表1-4归集的加计扣除的人员人工费用或者直接投入费用比例非常高。

③表1-1归集的人员人工费用或者直接投入费用金额为0。

④表1-4归集的加计扣除的人员人工费用或者直接投入费用金额为0。

一般来说，研发活动需要人力、物料、燃料动力、设备器具等多项要素的综合投入，但不一定面面俱到，要素比例也因行业特色与企业实际情况各异。企业应当掌握政策规定，并能够给出合理解释。表1-4为《A107012研发费用加计扣除优惠明细表》。

表1-4 A107012研发费用加计扣除优惠明细表

行次	项目	金额（数量）
1	本年可享受研发费用加计扣除项目数量	
2	一、自主研发、合作研发、集中研发（3+7+16+19+23+34）	
3	（一）人员人工费用（4+5+6）	
4	1.直接从事研发活动人员工资薪金	
5	2.直接从事研发活动人员五险一金	
6	3.外聘研发人员的劳务费用	
7	（二）直接投入费用（8+9+10+11+12+13+14+15）	
8	1.研发活动直接消耗材料费用	
9	2.研发活动直接消耗燃料费用	
10	3.研发活动直接消耗动力费用	
11	4.用于中间试验和产品试制的模具、工艺装备开发及制造费	
12	5.用于不构成固定资产的样品、样机及一般测试手段购置费	
13	6.用于试制产品的检验费	
14	7.用于研发活动的仪器和设备的运行维护、调整、检验、维修等费用	
15	8.通过经营租赁方式租入的用于研发活动的仪器、设备租赁费	
16	（三）折旧费用（17+18）	
17	1.用于研发活动的仪器的折旧费	
18	2.用于研发活动的设备的折旧费	
19	（四）无形资产摊销（20+21+22）	

续表

行次	项目	金额（数量）
20	1.用于研发活动的软件的摊销费用	
21	2.用于研发活动的专利权的摊销费用	
22	3.用于研发活动的非专利技术（包括许可证、专有技术、设计和计算方法等）的摊销费用	
23	（五）新产品设计费等（24+25+26+27）	
24	1.新产品设计费	
25	2.新工艺规程制定费	
26	3.新药研制的临床试验费	
27	4.勘探开发技术的现场试验费	
28	（六）其他相关费用（29+30+31+32+33）	
29	1.技术图书资料费、资料翻译费、专家咨询费、高新科技研发保险费	
30	2.研发成果的检索、分析、评议、论证、鉴定、评审、评估、验收费用	
31	3.知识产权的申请费、注册费、代理费	
32	4.职工福利费、补充养老保险费、补充医疗保险费	
33	5.差旅费、会议费	
34	（七）经限额调整后的其他相关费用	
35	二、委托研发 （36+37+39）	
36	（一）委托境内机构或个人进行研发活动所发生的费用	
37	（二）委托境外机构进行研发活动发生的费用	
38	其中：允许加计扣除的委托境外机构进行研发活动发生的费用	
39	（三）委托境外个人进行研发活动发生的费用	
40	三、年度研发费用小计（2+36×80%+38）	
41	（一）本年费用化金额	

续表

行次	项目	金额（数量）
42	（二）本年资本化金额	
43	四、本年形成无形资产摊销额	
44	五、以前年度形成无形资产本年摊销额	
45	六、允许扣除的研发费用合计（41+43+44）	
46	减：特殊收入部分	
47	七、允许扣除的研发费用抵减特殊收入后的金额（45-46）	
48	减：当年销售研发活动直接形成产品（包括组成部分）对应的材料部分	
49	减：以前年度销售研发活动直接形成产品（包括组成部分）对应材料部分结转金额	
50	八、加计扣除比例（%）	
51	九、本年研发费用加计扣除总额（47-48-49）×50	
52	十、销售研发活动直接形成产品（包括组成部分）对应材料部分结转以后年度扣减金额（当47-48-49≥0，本行=0；当47-48-49＜0，本行=47-48-49的绝对值）	

（4）高新技术企业认定时，关注企业申报前的连续3个会计年度（不含申报年）的指标情况，要求三个年度的合计研发费用比例达标，不要求单个年度的研发费用比例达标；高新技术企业认定通过后，在资格有效期内每年关注指标的动态变化情况，计算方法与申请认定时一致，即要求近三个年度的合计研发费用比例达标。

（5）注意高新研发费用归集口径与会计研发费用、加计扣除研发费用归集口径的区别。详见本章1.1.1.10解析。

1.1.1.8 可计入研发费用的境外的外部研发费

委托外部研究开发费用是指企业委托境内外其他机构或个人进行研究开发活动所发生的费用（研究开发活动成果为委托方企业拥有，且与该企业的主要经营业务紧密相关）。委托外部研究开发费用的实际发生额应按照独立交易原则确定，按照实际发生额的80%计入委托方研发费用总额。

企业在中国境内发生的研究开发费用，是指企业内部研究开发活动实际支出的全部费用与委托境内其他机构或个人进行的研究开发活动所支出的费用之和，不包括委托境外机构或个人完成的研究开发活动所发生的费用。

受托研发的境外机构是指依照外国和地区（含中国港、澳、台地区）法律成立的企业和其他取得收入的组织；受托研发的境外个人是指外籍（含中国港、澳、台地区）个人。

风险提示

高新技术企业在可计入研发费用的境外的外部研发费方面需满足以下几点要求，并在企业所得税年度汇算清缴中正确填报：（1）企业在中国境内发生的研究开发费用总额占全部研究开发费用总额的比例不低于60%。（2）表1-1相关数据不应出现以下情况：①第28行“其中：可计入研发费用的境外的外部研发费”大于（第17+18+…+22+23+26行）×40%÷（1-40%）。②第28行“其中：可计入研发费用的境外的外部研发费”大于第27行“2.境外的外部研发费”。③第27行“2.境外的外部研发费”有数据，但是第28行“其中：可计入研发费用的境外的外部研发费”为空。

1.1.1.9 其他研发费用比例

其他研发费用是指上述费用之外与研究开发活动直接相关的其他费用，包括技术图书资料费、资料翻译费、专家咨询费、高新科技研发保险费，研发成果的检索、论证、评审、鉴定、验收费用，知识产权的申请费、注册费、代理费，会议费、差旅费、通信费等。此项费用一般不得超过研究开发总费用的20%，另有规定的除外。

风险提示

高新技术企业在其他研发费用方面需满足以下几点要求，并在企业所得税年度汇算清缴中正确填报：（1）研究开发活动所发生的其他费用不超过研究开发总费用的20%。（2）表1-1相关数据不应出现以下情况：①第24行“其中：可计入研发费用的其他费用”大于（第17+18+…+22行）×20%÷（1-20%）。②第24行“其中：可计入研发费用的其他费用”大于第23行“7.其他费用”。③第23行“7.其他费用”有数据，但是第24行“其中：可计入研发费用的其他费用”为空。（3）注意高新“其他费用”与加计扣除“其他费用”口径差异，详见本章1.1.1.10解析。

1.1.1.10 会计、加计扣除、高新三个口径的研发费用异同

会计、加计扣除、高新三个口径的研发费用归集略有差异，具体见表1-5。

表1-5　会计、加计扣除、高新三项研发费用归集比较表

	会计	加计扣除	高新	主要差异分析
政策依据	《关于企业加强研发费用财务管理的若干意见》（财企〔2007〕194号）	《关于完善研究开发费用税前加计扣除政策的通知》（财税〔2015〕119号）等，见2.3研发费用加计扣除政策解析。	《关于修订印发〈高新技术企业认定管理办法〉的通知》（国科发火〔2016〕32号）、《关于修订印发〈高新技术企业认定管理工作指引〉的通知》（国科发火〔2016〕195号）	
人员人工费用	企业在职研发人员的工资、奖金、津贴、补贴、社会保险费、住房公积金等人工费用以及外聘研发人员的劳务费用	直接从事研发活动人员的工资薪金、基本养老保险费、基本医疗保险费、失业保险费、工伤保险费、生育保险费和住房公积金，以及外聘研发人员的劳务费用	企业科技人员的工资薪金、基本养老保险费、基本医疗保险费、失业保险费、工伤保险费、生育保险费和住房公积金，以及外聘科技人员的劳务费用	高新技术企业人员人工费用归集对象是科技人员，须累计实际工作时间在183天以上
直接投入费用	研发活动直接消耗的材料、燃料和动力费用	研发活动直接消耗的材料、燃料和动力费用	研发活动直接消耗的材料、燃料和动力费用	
	用于中间试验和产品试制的模具、工艺装备开发及制造费，设备调整及检验费，样品、样机及一般测试手段购置费，试制产品的检验费等	用于中间试验和产品试制的模具、工艺装备开发及制造费，不构成固定资产的样品、样机及一般测试手段购置费，试制产品的检验费	用于中间试验和产品试制的模具、工艺装备开发及制造费，不构成固定资产的样品、样机及一般测试手段购置费，试制产品的检验费	
	用于研发活动的仪器、设备、房屋等固定资产的租赁费以及相关固定资产的运行维护、维修等费用	用于研发活动的仪器和设备的运行维护、调整、检验、维修等费用，以及通过经营租赁方式租入的用于研发活动的仪器、设备租赁费	用于研究开发活动的仪器和设备的运行维护、调整、检验、检测、维修等费用，以及通过经营租赁方式租入的用于研发活动的固定资产租赁费	房屋租赁费不计入加计扣除范围
折旧费用与长期待摊费用	用于研发活动的仪器、设备、房屋等固定资产的折旧费	用于研发活动的仪器、设备的折旧费。（企业用于研发活动的仪器、设备，符合税法规定且选择加速折旧优惠政策的，在享受研发费用税前加计扣除政策时，就税前扣除的折旧部分计算加计扣除）	用于研究开发活动的仪器、设备和在用建筑物的折旧费。研发设施的改建、改装、装修和修理过程中发生的长期待摊费用	房屋折旧费不计入加计扣除范围。 享受加速折旧政策的仪器设备计入加计扣除基数的金额与会计、高新的口径不同

续表

	会计	加计扣除	高新	主要差异分析
无形资产摊销费用	用于研发活动的软件、专利权、非专利技术等无形资产的摊销费用	用于研发活动的软件、专利权、非专利技术（包括许可证、专有技术、设计和计算方法等）的摊销费用。 （用于研发活动的无形资产，符合税法规定且选择缩短摊销年限的，在享受研发费用税前加计扣除政策时，就税前扣除的摊销部分计算加计扣除）	用于研究开发活动的软件、知识产权、非专利技术（专有技术、许可证、设计和计算方法等）的摊销费用	享受加速折旧政策的无形资产计入加计扣除基数的金额与会计、高新的口径不同
设计费用	无	新产品设计费	新产品和新工艺进行构思、开发和制造，进行工序、技术规范、规程制定、操作特性方面的设计等发生的费用，包括为获得创新性、创意性、突破性产品进行创意设计活动发生的相关费用	
装备调试费用与试验费用	无	新工艺规程制定费、新药研制的临床试验费、勘探开发技术的现场试验费	装备调试费用是指工装准备过程中研究开发活动所发生的费用，包括研制特殊、专用的生产机器，改变生产和质量控制程序，或制定新方法及标准等活动所发生的费用。为大规模批量化和商业化生产所进行的常规性工装准备和工业工程发生的费用不能计入归集范围。试验费用包括新药研制的临床试验费、勘探开发技术的现场试验费、田间试验费等	

续表

	会计	加计扣除	高新	主要差异分析
委托外部研究开发费用	通过外包、合作研发等方式，委托其他单位、个人或者与之合作进行研发而支付的费用	企业委托外部机构或个人进行研发活动所发生的费用，按照费用实际发生额的80%计入委托方研发费用并计算加计扣除，受托方不得再进行加计扣除。委托外部研究开发费用实际发生额应按照独立交易原则确定。委托方与受托方存在关联关系的，受托方应向委托方提供研发项目费用支出明细情况。 委托境外机构进行研发活动所发生的费用，按照费用实际发生额的80%计入委托方的委托境外研发费用。委托境外研发费用不超过境内符合条件的研发费用三分之二的部分，可以按规定在企业所得税前加计扣除。企业委托境外个人进行研发活动所发生的费用，不得加计扣除	企业委托境内外其他机构或个人进行研究开发活动所发生的费用（研究开发活动成果为委托方企业拥有，且与该企业的主要经营业务紧密相关）。委托外部研究开发费用的实际发生额应按照独立交易原则确定，按照实际发生额的80%计入委托方研发费用总额。企业在中国境内发生的研究开发费用总额占全部研究开发费用总额的比例不低于60%	企业委托境外个人研发不得加计扣除。 加计扣除政策与高新口径对委托境外研发费用金额有比例限制
其他费用	与研发活动直接相关的其他费用，包括技术图书资料费、资料翻译费、会议费、差旅费、办公费、外事费、研发人员培训费、培养费、专家咨询费、高新科技研发保险费用等，研发成果的论证、评审、验收、评估以及知识产权的申请费、注册费、代理费等费用	与研发活动直接相关的其他费用，如技术图书资料费、资料翻译费、专家咨询费、高新科技研发保险费，研发成果的检索、分析、评议、论证、鉴定、评审、评估、验收费用，知识产权的申请费、注册费、代理费，差旅费、会议费，职工福利费、补充养老保险费、补充医疗保险费。此项费用总额不得超过可加计扣除研发费用总额的10%	上述费用之外与研发活动直接相关的其他费用，包括技术图书资料费、资料翻译费、专家咨询费、高新科技研发保险费，研发成果的检索、论证、评审、鉴定、验收费用，知识产权的申请费、注册费、代理费，会议费、差旅费、通信费等。此项费用一般不得超过研究开发总费用的20%，另有规定的除外	加计扣除政策与高新口径对其他相关费用总额有比例限制

风险提示

高新技术企业在归集会计、加计扣除、高新三个口径的研发费用时，应当掌握三者口径差别，按照相应的规定准确处理，并在表1-6第19行、表1-4、表1-1等相应表单中正确填报。表1-6即《A104000期间费用明细表》。

表1-6 A104000期间费用明细表

行次	项目	销售费用	其中：境外支付	管理费用	其中：境外支付	财务费用	其中：境外支付
		1	2	3	4	5	6
1	一、职工薪酬		*		*	*	*
2	二、劳务费					*	*
3	三、咨询顾问费					*	*
4	四、业务招待费		*		*	*	*
5	五、广告费和业务宣传费		*		*	*	*
6	六、佣金和手续费						
7	七、资产折旧摊销费		*		*	*	*
8	八、财产损耗、盘亏及毁损损失		*		*	*	*
9	九、办公费		*		*	*	*
10	十、董事会费		*		*	*	*
11	十一、租赁费					*	*
12	十二、诉讼费		*		*	*	*
13	十三、差旅费		*		*	*	*
14	十四、保险费		*		*	*	*
15	十五、运输、仓储费					*	*
16	十六、修理费					*	*
17	十七、包装费		*		*	*	*
18	十八、技术转让费					*	*
19	十九、研究费用					*	*
20	二十、各项税费		*		*	*	*
21	二十一、利息收支	*	*	*	*		
22	二十二、汇兑差额	*	*	*	*		
23	二十三、现金折扣	*	*	*	*		*
24	二十四、党组织工作经费	*	*		*	*	*
25	二十五、其他						
26	合计（1+2+3+…25）						

对下列情况应当重点关注：(1) 表1-1第15行第1列“七、归集的高新研发费用金额-本年度”与表1-6第19行第3列“研究费用-管理费用”、表1-4第41行“(一) 本年费用化金额”三者之间差异较大。(2) 财务报表利润表（见表1-7）的研发费用金额与表1-6第19行第3列“研究费用-管理费用”差异较大。虽然高新技术企业认定政策、研发费用加计扣除税收政策、会计政策三者对于研发费用的归集口径存在一定差异，不要求三个口径的研发费用数值必须完全一致，但是企业应当关注自身数值的差异原因，并能够给出合理解释。

表1-7 财务报表利润表

行次	项目	本期金额	上期金额
1	一、营业收入		
2	减：营业成本		
3	税金及附加		
4	销售费用		
5	管理费用		
6	研发费用		
7	财务费用		
8	其中：利息费用		
9	利息收入		
10	加：其他收益		
11	投资收益（损失以“-”号填列）		
12	其中：对联营企业和合营企业的投资收益		
13	以摊余成本计量的金融资产终止确认收益（损失以“-”号填列）		
14	净敞口套期收益（损失以“-”号填列）		
15	公允价值变动收益（损失以“-”号填列）		
16	信用减值损失（损失以“-”号填列）		
17	资产减值损失（损失以“-”号填列）		
18	资产处置收益（损失以“-”号填列）		
19	二、营业利润（亏损以“-”号填列）		

续表

行次	项目	本期金额	上期金额
20	加：营业外收入		
21	减：营业外支出		
22	三、利润总额（亏损总额以“-”号填列）		
23	减：所得税费用		
24	四、净利润（净亏损以“-”号填列）		
25	（一）持续经营净利润（净亏损以“-”号填列）		
26	（二）终止经营净利润（净亏损以“-”号填列）		
27	五、其他综合收益的税后净额		
28	（一）不能重分类进损益的其他综合收益		
29	1.重新计量设定受益计划变动额		
30	2.权益法下不能转损益的其他综合收益		
31	3.其他权益工具投资公允价值变动		
32	4.企业自身信用风险公允价值变动		
33	（二）将重分类进损益的其他综合收益		
34	1.权益法下可转损益的其他综合收益		
35	2.其他债权投资公允价值变动		
36	3.金融资产重分类计入其他综合收益的金额		
37	4.其他债权投资信用减值准备		
38	5.现金流量套期储备		
39	6.外币财务报表折算差额		
40	六、综合收益总额		
41	七、每股收益		
42	（一）基本每股收益		
43	（二）稀释每股收益		

1.1.2 申报事项

1.1.2.1 高新技术企业15%优惠税率

《企业所得税法》第二十八条规定：国家需要重点扶持的高新技术企业，减按15%的税率征收企业所得税。《国家税务总局关于实施高新技术企业所得税优惠政策有关问题的公告》（国家税务总局公告2017年第24号）规定：企业获得高新技术企业资格后，自其高新技术企业证书注明的发证时间所在年度起申报享受税收优惠。企业的高新技术企业资格期满当年，在通过重新认定前，其企业所得税暂按15%的税率预缴，在年底前仍未取得高新技术企业资格的，应按规定补缴相应期间的税款。

风险提示

符合条件的高新技术企业，在季度预缴和年度汇算清缴时均可以享受15%的税率。根据《企业所得税法》的规定，企业所得税按纳税年度计算，因此高新技术企业也是按年享受税收优惠。而高新技术企业证书上注明的发证时间是具体日期，不一定是一个完整纳税年度，且有效期为3年。这就导致企业享受优惠期间和高新技术企业认定证书的有效期不完全一致。例如，A企业取得的高新技术企业证书上注明的发证时间为2016年11月25日，证书有效期为2016年11月25日至2019年11月24日。A企业享受高新技术企业税收优惠政策的年度为2016、2017和2018年。在2019年季度预缴时企业仍可按高新技术企业15%的税率预缴。A企业如果在2019年年底前重新获得高新技术企业证书，其2019年度可继续享受税收优惠；如果未重新获得高新技术企业证书，则应按25%的税率补缴少缴的税款。

1.1.2.2 企业所得税年度纳税申报基础信息表

企业所得税年报的《A000000企业所得税年度纳税申报基础信息表》，即表1-8，只要纳税人符合下述填报要求，无论其是否享受企业所得税优惠政策，均应填报“211”项目有关情况。在“211高新技术企业申报所属期年度有效的高新技术企业证书”项中，纳税人根据申报所属期年度拥有的有效期内的高新技术企业证书情况，填报本项目下的“211-1”“211-2”“211-3”“211-4”项目。在申报所属期年度，企业如果同时拥有两个高新技术企业证书，则两个证书情况均应填报。例如，纳税人2019年10月取得高新技术企业证书，有效期3年，2022年再次参加认定并于2022年11月取得新的高新技术企业证书，纳税人在进行2022年度企业所得税汇算清缴纳税申报时，应将两个证书的“编号”及“发证时间”分别填入“211-1”“211-2”“211-3”“211-4”项目中。

表1-8 **A000000企业所得税年度纳税申报基础信息表**

<table>
<tr><td colspan="9">基本经营情况（必填项目）</td></tr>
<tr><td colspan="3">101纳税申报企业类型（填写代码）</td><td colspan="2"></td><td colspan="3">102分支机构就地纳税比例（%）</td><td></td></tr>
<tr><td colspan="3">103资产总额（填写平均值，单位：万元）</td><td colspan="2"></td><td colspan="3">104从业人数（填写平均值，单位：人）</td><td></td></tr>
<tr><td colspan="3">105所属国民经济行业（填写代码）</td><td colspan="2"></td><td colspan="3">106从事国家限制或禁止行业</td><td>□是□否</td></tr>
<tr><td colspan="3">107适用会计准则或会计制度（填写代码）</td><td colspan="2"></td><td colspan="3">108采用一般企业财务报表格式（2019年版）</td><td>□是□否</td></tr>
<tr><td colspan="3">109小型微利企业</td><td colspan="2">□是□否</td><td>110上市公司</td><td colspan="3">是（□境内□境外）□否</td></tr>
<tr><td colspan="9">有关涉税事项情况（存在或者发生下列事项时必填）</td></tr>
<tr><td colspan="3">201从事股权投资业务</td><td colspan="2">□是</td><td colspan="3">202存在境外关联交易</td><td>□是</td></tr>
<tr><td rowspan="2">203境外所得信息</td><td colspan="4">203-1选择采用的境外所得抵免方式</td><td colspan="4">□分国（地区）不分项 □不分国（地区）不分项</td></tr>
<tr><td colspan="4">203-2海南自由贸易港新增境外直接投资信息</td><td colspan="4">□是（产业类别：□旅游业□现代服务业□高新技术产业）</td></tr>
<tr><td colspan="3">204有限合伙制创业投资企业的法人合伙人</td><td colspan="2">□是</td><td colspan="3">205创业投资企业</td><td>□是</td></tr>
<tr><td colspan="3">206技术先进型服务企业类型（填写代码）</td><td colspan="2"></td><td colspan="3">207非营利组织</td><td>□是</td></tr>
<tr><td colspan="3">208软件、集成电路企业类型（填写代码）</td><td colspan="2"></td><td colspan="2">209集成电路生产项目类型</td><td colspan="2">□130纳米 □65纳米
□28纳米</td></tr>
<tr><td rowspan="2">210科技型中小企业</td><td colspan="4">210-1__年（申报所属期年度）入库编号1</td><td></td><td colspan="2">210-2入库时间1</td><td></td></tr>
<tr><td colspan="4">210-3__年（所属期下一年度）入库编号2</td><td></td><td colspan="2">210-4入库时间2</td><td></td></tr>
<tr><td colspan="2" rowspan="2">211高新技术企业申报所属期年度有效的高新技术企业证书</td><td colspan="3">211-1证书编号1</td><td></td><td colspan="2">211-2发证时间1</td><td></td></tr>
<tr><td colspan="3">211-3证书编号2</td><td></td><td colspan="2">211-4发证时间2</td><td></td></tr>
<tr><td colspan="2">212重组事项税务处理方式</td><td colspan="3">□一般性□特殊性</td><td colspan="3">213重组交易类型（填写代码）</td><td></td></tr>
<tr><td colspan="2">214重组当事方类型（填写代码）</td><td colspan="3"></td><td colspan="3">215政策性搬迁开始时间</td><td>_年_月</td></tr>
<tr><td colspan="4">216发生政策性搬迁且停止生产经营无所得年度</td><td>□是</td><td colspan="3">217政策性搬迁损失分期扣除年度</td><td>□是</td></tr>
<tr><td colspan="4">218发生非货币性资产对外投资递延纳税事项</td><td>□是</td><td colspan="3">219非货币性资产对外投资转让所得递延纳税年度</td><td>□是</td></tr>
<tr><td colspan="4">220发生技术成果投资入股递延纳税事项</td><td>□是</td><td colspan="3">221技术成果投资入股递延纳税年度</td><td>□是</td></tr>
<tr><td colspan="4">222发生资产（股权）划转特殊性税务处理事项</td><td>□是</td><td colspan="3">223债务重组所得递延纳税年度</td><td>□是</td></tr>
</table>

续表

主要股东及分红情况（必填项目）					
股东名称	证件种类	证件号码	投资比例（%）	当年（决议日）分配的股息、红利等权益性投资收益金额	国籍（注册地址）
⋮					
其余股东合计	——	——			——

风险提示

资格有效期内的高新技术企业，应按照规定正确填报表1-8，不应出现以下情况：（1）表1-8“211-1证书编号1”“211-2发证时间1”“211-3证书编号2”“211-4发证时间2”均未填写。（2）填写证书编号、发证时间与实际证书载明的情况不符。（3）申报所属期年度，企业同时拥有两个高新技术企业证书，但仅填报了一个证书。

1.1.2.3 高新技术企业优惠情况及明细表

企业所得税年报《A107041高新技术企业优惠情况及明细表》，即表1-1，适用于具备高新技术企业资格的纳税人填报。纳税人根据税法及相关税收政策规定，填报高新技术企业基本信息和本年优惠情况。不论是否享受优惠政策，高新技术企业资格在有效期内的纳税人均需填报该表。同时，纳税人填报时应当关注高品收入比例、科技人员比例、研发费用比例等是否符合有关政策规定，详见本章1.1.1.5至1.1.1.9相关内容解析。

1.1.2.4 高新技术企业延长亏损结转弥补年限

自2018年1月1日起，当年具备高新技术企业资格的企业，其具备资格年度之前5个年度发生的尚未弥补完的亏损，准予结转以后年度弥补，最长结转年限由5年延长至10年。当年具备高新技术企业资格的企业，其具备资格年度之前5个年度发生的尚未弥补完的亏损，是指当年具备资格的企业，其前5个年度无论是否具备资格，所发生的尚未弥补完的亏损。

高新技术企业按照其取得的高新技术企业证书注明的有效期所属年度，确定其具备资格的年度。符合延长亏损结转弥补年限条件的企业，在企业所得税预缴和汇算清缴时，自行计算亏损结转弥补年限，并填写相关纳税申报表。

风险提示

高新技术企业证书注明了发证时间和有效期，为保证企业最大限度享受政策红利，高新技术企业应按照其取得的高新技术企业证书注明的有效期所属年度，确定其具备资格年度。比如，某高新技术企业的证书注明发证时间为2018年9月17日，有效期3年，则有效期间为2018年9月17日至2021年9月16日。因此2018年、2019年、2020年、2021年为具备资格年度。2018年具备资格的企业，无论2013年至2017年是否具备资格，其2013年至2017年发生的尚未弥补完的亏损，均准予结转以后年度弥补，最长结转年限为10年。2018年以后年度具备资格的企业，依此类推，进行亏损结转弥补税务处理。

例1-1 一家企业，2018年具备资格，2013年亏损300万元，2014年亏损200万元，2015年亏损100万元，2016年所得为0，2017年所得200万元，2018年所得50万元。则无论该企业在2013年至2017年期间是否具备资格，2013年亏损300万元，用2017年所得200万元、2018年所得50万元弥补后，如果2019年至2023年有所得仍可继续弥补；2014年企业亏损200万元，依次用2019年至2024年所得弥补；2015年企业亏损100万元，依次用2019年至2025年所得弥补。

例1-2 接例1-1，该企业2019年起不具备资格，2019年亏损100万元。其之前2013年至2015年尚未弥补完的亏损的最长结转年限为10年并不受影响。如果该企业在2024年之前任一年度重新具备资格，则2019年亏损100万元准予向以后10年结转弥补，即准予依次用2020年至2029年所得弥补。如果到2024年还不具备资格，则2019年亏损100万元只准予向以后5年结转弥补，即依次用2020年至2024年所得弥补，尚未弥补完的亏损，不允许用2025年至2029年所得弥补。

1.1.3 管理事项

1.1.3.1 按时报送年度发展情况报表

企业获得高新技术企业资格后，在其资格有效期内应于每年5月底前通过高新技术企业认定管理工作网，报送上一年度知识产权、科技人员、研发费用、经营收入等年度发展情况报表；在同一高新技术企业资格有效期内，企业累计两年未按规定时限报送年度发展情况报表的，由认定机构取消其高新技术企业资格，在高新技术企业认定管理工作网上公告。

1.1.3.2 及时向认定机构报告重大变化

高新技术企业发生名称变更或与认定条件有关的重大变化（如分立、合并、重组以及经营业务发生变化等），应在发生之日起三个月内向认定机构报告，在高新技术企业认定管理工作网上提交《高新技术企业名称变更申请表》，并将打印出的

《高新技术企业名称变更申请表》与相关证明材料报认定机构，由认定机构负责审核企业是否仍符合高新技术企业条件。企业仅发生名称变更，不涉及重大变化，符合高新技术企业认定条件的，由认定机构在本地区公示10个工作日，无异议的，由认定机构重新核发认定证书，编号与有效期不变，并在高新技术企业认定管理工作网上公告；有异议的或有重大变化的（无论名称变更与否），由认定机构按《认定办法》第十一条进行核实处理，不符合认定条件的，自更名或条件变化年度起取消其高新技术企业资格，并在高新技术企业认定管理工作网上公告。

1.1.3.3 发生异地搬迁

跨认定机构管理区域整体迁移的高新技术企业，在其高新技术企业资格有效期内完成迁移的，其资格继续有效；跨认定机构管理区域部分搬迁的，由迁入地认定机构按照本办法重新认定。整体迁移是指符合《中华人民共和国公司登记管理条例》第二十九条所述情况。跨认定机构管理区域整体迁移的高新技术企业须向迁入地认定机构提交有效期内的《高新技术企业证书》及迁入地市场监督管理局等登记管理机关核发的完成迁入的相关证明材料。完成整体迁移的，其高新技术企业资格和《高新技术企业证书》继续有效，编号与有效期不变。由迁入地认定机构给企业出具证明材料，并在高新技术企业认定管理工作网上公告。

1.1.3.4 认定后资格有效期内需符合条件

根据《高新技术企业认定管理工作指引》（国科发火〔2016〕195号）规定：对已认定的高新技术企业，有关部门在日常管理过程中发现其不符合认定条件的，应以书面形式提请认定机构复核。复核后确认不符合认定条件的，由认定机构取消其高新技术企业资格，并通知税务机关追缴其不符合认定条件年度起已享受的税收优惠。

根据《国家税务总局关于实施高新技术企业所得税优惠政策有关问题的公告》（国家税务总局公告2017年第24号）规定：对取得高新技术企业资格且享受税收优惠的高新技术企业，税务部门如在日常管理过程中发现其在高新技术企业认定过程中或享受优惠期间不符合《认定办法》第十一条规定的认定条件的，应提请认定机构复核。复核后确认不符合认定条件的，由认定机构取消其高新技术企业资格，并通知税务机关追缴其证书有效期内自不符合认定条件年度起已享受的税收优惠。

风险提示

部分企业认为申请认定时需符合高新技术企业有关条件，通过高新技术企业认定后在资格有效期内可以不再符合认定条件，这种观点是错误的。国家税务总局关于2017年第24号公告的官方解读明确指出：“《认定办法》出台以后，税务机关和纳税人对高新技术企业在享受优惠期间是否需要符合认定条件存在较大的争议。经与财政部、科技部沟通，《认定办法》第十六条中所称‘认定条件’是较为宽泛的概念，既包括高新技术企业认定时的条件，也包括享受税收优惠期间的条件。”

1.1.3.5 规定取消资格情形

已认定的高新技术企业有下列行为之一的，由认定机构取消其高新技术企业资格：（1）在申请认定过程中存在严重弄虚作假行为的；（2）发生重大安全、重大质量事故或有严重环境违法行为的；（3）未按期报告与认定条件有关重大变化情况，或累计两年未填报年度发展情况报表的。自行为发生之日所属年度起取消其高新技术企业资格，并在高新技术企业认定管理工作网上公告。对被取消高新技术企业资格的企业，由认定机构通知税务机关按《税收征管法》及有关规定，追缴其自发生上述行为之日所属年度起已享受的高新技术企业税收优惠。认定机构应依据有关部门根据相关法律法规出具的意见对“重大安全、重大质量事故或有严重环境违法行为”进行判定处理。已认定的高新技术企业，无论何种原因被取消高新技术企业资格的，当年不得再次申请高新技术企业认定。

风险提示

2016版《认定办法》规定了三种由认定机构取消其高新技术企业资格的情形，且《工作指引》规定，“已认定的高新技术企业，无论何种原因被取消高新技术企业资格的，当年不得再次申请高新技术企业认定”，相比2008版《认定办法》规定“认定机构在5年内不再受理该企业的认定申请”有所放宽。同时，2016版《认定办法》删去了2008版《认定办法》中“有偷、骗税等行为的”这一取消资格情形。

1.2 科技型中小企业

为贯彻落实《国家创新驱动发展战略纲要》，推动大众创业、万众创新，加大对科技型中小企业的精准支持力度，2017年5月，科学技术部、财政部、国家税务总局三部门联合印发了《科技型中小企业评价办法》（本节以下简称《评价办法》），明确了科技型中小企业评价标准和程序。与高新技术企业认定不同，科技型中小企业评价工作采取企业自主评价、省级科技管理部门组织实施、科技部服务监督的工作模式。科技部负责建设“全国科技型中小企业信息服务平台”和“全国科技型中小企业信息库”。科技部火炬高技术产业开发中心负责服务平台和信息库建设与运行的日常工作。企业可根据办法进行自主评价，并按照自愿原则到服务平台填报企业信息，经公示无异议的，纳入信息库。2022年3月，科技部火炬中心印发《科技型中小企业评价服务工作指引》（国科火字〔2022〕67号），为做好科技型中小企业评价服务工作明确有关工作指引。

2017年5月，为进一步鼓励科技型中小企业加大研发费用投入，根据国务院常务会议决定，财政部、国家税务总局、科技部联合印发了《关于提高科技型中小企业研究开发费用税前加计扣除比例的通知》（财税〔2017〕34号），将科技型中小企业享受研发费用加计扣除比例由50%提高到75%。国家税务总局同时下发了《关于提高科技型中小企业研究开发费用税前加计扣除比例有关问题的公告》（国家税务总局公告2017年第18号），进一步明确政策执行口径，保证优惠政策的贯彻实施。2018年9月，《关于提高研究开发费用税前加计扣除比例的通知》（财税〔2018〕99号）将75%研发费用加计扣除比例优惠政策全面推广。2022年3月，《关于进一步提高科技型中小企业研发费用税前加计扣除比例的公告》（财政部 税务总局 科技部公告2022年第16号）将科技型中小企业享受研发费用加计扣除比例提高到100%。

此外，科技型中小企业的企业所得税亏损弥补结转年限延长，具体是："自2018年1月1日起，当年具备高新技术企业或科技型中小企业资格的企业，其具备资格年度之前5个年度发生的尚未弥补完的亏损，准予结转以后年度弥补，最长结转年限由5年延长至10年。"

1.2.1 企业评价

1.2.1.1 科技型中小企业基本条件

科技型中小企业须同时满足以下条件：

（1）在中国境内（不包括港、澳、台地区）注册成立或依照外国（地区）法律成立但实际管理机构在中国境内的会计核算健全、实行查账征收并能够准确归集研发费用，并缴纳企业所得税的居民企业。

（2）职工总数不超过500人、年销售收入不超过2亿元、资产总额不超过2亿元。

（3）企业所在行业不属于国家发展改革委员会《产业结构调整指导目录》规定的限制类和淘汰类范围，不属于财政部、国家税务总局、科技部《关于完善研究开发费用税前加计扣除政策的通知》（财税〔2015〕119号）规定的不适用税前加计扣除政策的行业。

（4）企业在上一会计年度及当年未发生重大安全、重大质量事故、严重环境违法、严重弄虚作假和科研严重失信行为，且在上一会计年度及当年未列入经营异常名录和严重违法失信企业名单。

（5）企业根据科技型中小企业评价指标进行综合评价所得分值不低于60分，且科技人员指标得分不得为0。

1.2.1.2 科技型中小企业评价指标

科技型中小企业评价指标具体包括科技人员、研发投入、科技成果三类，满分100分。

（1）科技人员指标（满分20分）。按科技人员数占企业职工总数的比例分档评价。

A.30%（含）以上（20分）

B.25%（含）~30%（16分）

C.20%（含）~25%（12分）

D.15%（含）~20%（8分）

E.10%（含）~15%（4分）

F.10%以下（0分）

（2）研发投入指标（满分50分）。企业从①、②两项指标中选择一个指标进行评分。

①按企业研发费用总额占销售收入总额的比例分档评价。

A.6%（含）以上（50分）

B.5%（含）~6%（40分）

C.4%（含）~5%（30分）

D.3%（含）~4%（20分）

E.2%（含）~3%（10分）

F.2%以下（0分）

②按企业研发费用总额占成本费用支出总额的比例分档评价。

A.30%（含）以上（50分）

B.25%（含）~30%（40分）

C.20%（含）~25%（30分）

D.15%（含）~20%（20分）

E.10%（含）~15%（10分）

F.10%以下（0分）

（3）科技成果指标（满分30分）。按企业拥有的在有效期内的与主要产品（或服务）相关的知识产权类别和数量（知识产权应没有争议或纠纷）分档评价。

A.1项及以上Ⅰ类知识产权（30分）

B.4项及以上Ⅱ类知识产权（24分）

C.3项Ⅱ类知识产权（18分）

D.2项Ⅱ类知识产权（12分）

E.1项Ⅱ类知识产权（6分）

F.没有知识产权（0分）

1.2.1.3 直接确认符合科技型中小企业条件

符合1.2.1.1基本条件的企业，若同时符合下列条件中的一项，不受综合评价所得分值高低限制，可直接确认符合科技型中小企业条件：

（1）企业拥有有效期内高新技术企业资格证书；

（2）企业近五年内获得过国家级科技奖励；

（3）企业拥有经认定的省部级以上研发机构；

（4）企业近五年内主导制定过国际标准、国家标准或行业标准。

风险提示

（1）科技型中小企业资格评价主要从“科技型”和“中小”两个角度设计条件指标。“中小”主要体现在职工总数、年销售收入、资产总额这三个维度。“科技型”主要体现在综合评价所得分值考量上。该综合评价打分体系和高新技术企业认定条件及打分体系既有相似性又有区别，关注企业的科技人员、研发投入、科技成果三项指标，并特别规定了科技人员指标得分不得为0分，即企业的科技人员数占企业职工总数的比例不得低于10%，突出了科技人才的重要性，企业务必高度重视。在研发投入的衡量标准上，采用“企业研发费用总额占销售收入总额的比例”或“按企业研发费用总额占成本费用支出总额的比例”二选一分档评价的方式，相比高新技术企业认定标准仅采用“近三年企业研发费用总额占同期销售收入总额的比例”的单一衡量方式，对企业来说更加灵活友好。

（2）科技型中小企业的指标说明和高新技术企业认定规则大体一致，个别地方有差别，且《科技型中小企业评价服务工作指引》（国科火字〔2022〕67号）与《科技型中小企业评价办法》（国科发政〔2017〕115号）相比有不少调整完善，企业应注意区别，重点关注以下几方面：一是企业科技人员是指企业直接从事研发和相关技术创新活动，以及专门从事上述活动管理和提供直接服务的人员，包括在职、兼职和临时聘用人员，兼职、临时聘用人员全年须在企业累计工作六个月以上。此处应注意的是，高新技术企业认定标准要求科技人员全年须在企业累计工作183天以上，即在职科技人员全年也须在企业累计工作183天以上，与科技型中小企业标准略有区别。二是企业职工总数包括企业在职、兼职和临时聘用人员。在职人员通过企业是否签订了劳动合同或缴纳了社会保险费来鉴别，兼职、临时聘用人员全年须在企业累计工作六个月以上。三是企业研发费用是指企业进行研发活动和创意设计活动而发生的相关费用。研发活动是指企业为获得科学与技术新知识，创造性运用科学技术新知识，或实质性改进技术、产品（服务）、工艺而持续进行的具有明确目标的系统性活动。创意设计活动是指企业为获得创新性、创意性、突破性的产品进行的设计活动，包括多媒体软件、动漫游戏软件开发，数字动漫、游戏设计制作；房屋建筑工程设计（绿色建筑评价标准为三星）、风景园林工程专项设计；工业设计、多媒体设计、动漫及衍生产品设计、模型设计等。具体按照财税〔2015〕119号、国家税务总局公告2015年第97号等有关规定对各研发项目以专账或者辅助账形式，开展研发费用归集，由企业留存备查。国科火字〔2022〕67号规定“研发费用采用上一会计年度最后一个季度财务数据”。四是企业销售收入采用上一会计年度财务数据，为主营业务收入与其他业务收入之和，按照企业所得税年度纳税申报表的口径。五是成本费用支出总额包括营业成本、税金及附加和期间费用，根据企业会计制度，采用上一会计年度财务数据。成本费用按照企业所得税年度纳税申报表口径。成本费用支出总额=营业成本+税金及附加+销售费用+管理费用+研发费用+财务费用。六是知识产权采用分类评价，其中，发明专利（不含国防专利）、植物新品种、国家级农作物品种、国家新药、国家一级中药保护品种、集成电路布图设计专有权按Ⅰ类评价，实用新型专利、外观设计专利、软件著作权等按Ⅱ类评价。

（3）可直接确认符合科技型中小企业条件的要注意细节规定。其中，近五年内获得过的国家级科技奖励包括国家最高科学技术奖、国家自然科学奖、国家技术发明奖、国家科学技术进步奖和中华人民共和国国际科学技术合作奖，以奖励证书为准，近五年包括填报当年。科技型中小企业获得国家级科技奖励以国家科学技术奖励办公室公告为准，获奖情况可自动获取。企业拥有的省部级以上研发机构包括国家部委、省直单位批准认定的企业牵头建立的实验室、研究中心、技术中心、设计中心、创新中心及研究院等各类国家级、省（部）级创新平台（基地）。证明材料以出具的研发机构批准认定文件为准。企业近五年内主导制定过国际标准、国家标准或行业标准的，应出具相关标准文本或证明文件。国家标准以国家标准化委员会网站发布的国家标准为准，行业标准以国家标准化委员会网站备案的行业标准为准，国际标准应是国家标准化委员会网站公布的国际标准化机构制定的标准。相关标准可在全国标准信息公共服务平台查询。企业应排名标准起草单位前五名。近五年包括填报当年。

1.2.2 评定程序

科技型中小企业评定程序如下：①注册登记及自主评价。企业可对照办法自主评价是否符合科技型中小企业条件，认为符合条件的，可自愿在服务平台上注册登记企业基本信息，在线填报《科技型中小企业信息表》。②信息确认。省级科技主管部门组织评价工作机构对企业提交的《科技型中小企业信息表》及相关附件内容是否完整且符合要求进行确认，形成《科技型中小企业信息审核表》。《科技型中小企业信息表》内容完整且符合要求的，信息确认通过，在线提交至省级科技主管部门；上述内容有一项信息不完整或不符合要求的，在线通知企业进行补正后再行提交；《科技型中小企业信息表》中内容不符合《科技型中小企业评价办法》第六条规定的，则不通过。③名单公示。省级科技主管部门汇总通过企业名单，按批次生成公示文件，同步在全国科技型中小企业信息服务平台和各省科技行政管理部门官网上公示10个工作日。公示异议的由省级科技主管部门组织评价工作机构进行核实处理，并在线填写科技型中小企业评价公示异议核实处理情况表，相关结果在线告知企业。④企业公告。公示无异议和经核实排除异议的，由省级科技主管部门赋予科技型中小企业入库登记编号，入库登记编号在线自动生成，为18位数字或字母（4位年份+6位行政区划代码+1位企业成立日期和自评日期标识+1位直接确认标识+6位系统顺序号）。公众可通过全国科技型中小企业信息服务平台查询科技型中小企业入库登记编号。

风险提示

（1）科技型中小企业与高新技术企业的认定方式不同。高新技术企业认定环节包含专家评审和综合审查，认定机构对申请企业提出实质性的认定意见。科技型中小企业评价程序中，各省级科技管理部门组织评价工作机构对企业提交的《科技型中小企业信息表》及相关附件内容是否完整且符合要求进行确认。

（2）科技型中小企业与高新技术企业的监督管理程序不同。科技型中小企业评价工作中，省级科技主管部门和评价工作机构对科技型中小企业开展日常巡检监督，省级科技主管部门按规定撤销科技型中小企业登记编号并在全国科技型中小企业信息服务平台上公告。而高新技术企业的监督管理程序中，对已认定的高新技术企业，有关部门在日常管理过程中发现其不符合认定条件的，应以书面形式提请认定机构复核。复核后确认不符合认定条件的，由认定机构取消其高新技术企业资格，并通知税务机关追缴其不符合认定条件年度起已享受的税收优惠，即高新技术企业资格由各省级科技、财政、税务部门联合组成的认定机构取消。

（3）科技型中小企业与高新技术企业的资格有效期限不同。高新技术企业认定后有效期三年。科技型中小企业入库编号一年一赋，有效期一年。

（4）科技型中小企业与高新技术企业的取消资格情形不同。高新技术企业规定了严重弄虚作假、发生重大安全或重大质量事故或有严重环境违法行为、未按期报告或填表等三大类取消资格的情形。科技型中小企业则在此基础上进一步增加了“发生科研严重失信行为”“被列入经营异常名录和严重违法失信企业名单”两类规定，与入库条件相呼应。

1.2.3 申报事项

涉税申报中，针对科技型中小企业的申报事项主要是企业所得税年报《A000000企业所得税年度纳税申报基础信息表》，即表1-8。符合下述填报要求的纳税人，无论是否享受企业所得税优惠政策，均应填报“210”项目有关情况。

“210科技型中小企业”项目中，纳税人根据申报所属期年度和申报所属期下一年度取得的科技型中小企业入库登记编号情况，填报本项目下的“210-1”“210-2”“210-3”“210-4”。例如，纳税人在进行2018年度企业所得税汇算清缴纳税申报时，“210-1（申报所属期年度）入库编号”首先应当填列“2018年（申报所属期年度）入库编号”，“210-3（所属期下一年度）入库编号”首先应当填列“2019年（所属期下一年度）入库编号”。若纳税人在2018年1月1日至2018年12月31日之间取得科技型中小企业入库登记编号，则将相应的“编号”及“入库时间”分别填入“210-1”和“210-2”项目中；若纳税人在2019年1月1日至2018年度汇算清缴纳税申报日之间取得科技型中小企业入库登记编号，则将相应的“编号”及“入库时间”分别填入“210-3”和“210-4”项目中。

1.3 技术先进型服务企业

技术先进型服务企业根据技术先进型服务业务领域范围目录不同分为服务外包类和服务贸易类。服务外包类技术先进型服务企业认定发展起步较早，服务贸易类技术先进型服务企业认定自2016年开始试点，在2018年推广至全国。目前，对经认定的技术先进型服务企业，主要的税收优惠政策是减按15%的税率征收企业所得税。

值得一提的是，技术先进型服务企业曾经还有一个特殊政策是，“发生的职工教育经费支出，不超过工资薪金总额8%的部分，准予在计算应纳税所得额时扣除；超过部分，准予在以后纳税年度结转扣除。”不过，根据《关于企业职工教育经费税前扣除政策的通知》（财税〔2018〕51号），上述政策自2018年1月1日起推行至全部企业。

技术先进型服务企业政策从部分地区试点到全国推广经历了一定的发展变化，简要介绍如下：

2008年新企业所得税法实施以前，在江苏工业园区试点技术先进型服务企业税收优惠政策，内容包括对经认定的技术先进型服务企业，减按15%的税率征收企业所得税，对经认定的技术先进型服务企业，其发生的职工教育经费按不超过企业工资总额8%的比例据实在企业所得税税前扣除，超过部分，准予在以后纳税年度结转扣除。

2009年，为进一步推动技术先进型服务业的发展，财政部、国家发展和改革委员会、国家税务总局、科学技术部、商务部等五部门（本节以下简称“五部门”）联合下发了《关于技术先进型服务企业有关税收政策问题的通知》（财税〔2009〕63号），将江苏工业园区技术先进型服务企业税收试点政策推广到北京、天津、上海、重庆、大连、深圳、广州、武汉、哈尔滨、成都、南京、西安、济南、杭州、合肥、南昌、长沙、大庆、苏州、无锡等20个中国服务外包示范城市。

2010年，五部门再次联合发布《关于技术先进型服务企业有关企业所得税政策问题的通知》（财税〔2010〕65号），将厦门纳入试点范围，并对政策内容做出了较多调整。一是取消了“对经认定的技术先进型服务企业离岸服务外包业务收入免征营业税”；二是将从事《技术先进型服务业务认定范围（试行）》中的技术先进型服务业务取得的收入占企业当年总收入的比例要求从“70%以上”降为“50%以上”；三是取消了“企业应获得有关国际资质认证（包括开发能力和成熟度模型、开发能力和成熟度模型集成、IT服务管理、信息安全管理、服务提供商环境安全、ISO质量体系认证、人力资源能力认证等）”这一规定。

2013年，五部门联合发布《关于苏州工业园区技术先进型服务企业所得税试点政策有关问题的通知》（财税〔2013〕6号），对苏州工业园区内享受优惠政策的技术先进型服务企业，试点将其离岸服务外包业务收入占企业当年总收入的比例调整为“不低于35%”。2014年，五部门联合发布《关于完善技术先进型服务企业有关企业所得税政策问题的通知》（财税〔2014〕59号），延续技术先进型服务企业认定管理规定，并将从事离岸服务外包业务取得的收入不低于企业当年总收入的比例从50%降为35%。

2016年，根据国务院批复，五部门联合发布《关于新增中国服务外包示范城市适用技术先进型服务企业所得税政策的通知》（财税〔2016〕108号），将技术先进型服务企业试点政策（服务外包类）试点范围扩大到沈阳、长春、南通、镇江、福州（含平潭综合实验区）、南宁、乌鲁木齐、青岛、宁波和郑州等10个中国服务外包示范城市。

同年，五部门联合发布《关于在服务贸易创新发展试点地区推广技术先进型服务企业所得税优惠政策的通知》（财税〔2016〕122号），在天津、上海、海南、深圳、杭州、武汉、广州、成都、苏州、威海和哈尔滨新区、江北新区、两江新区、贵安新区、西咸新区等15个服务贸易创新发展试点地区推广技术先进型服务企业所得税优惠政策。政策主体内容同财税〔2014〕59号，仅业务范围调整为《技术先进型服务业务领域范围（服务贸易类）》。

2017年，为增强我国服务业的综合竞争力，五部门联合发布《关于将技术先进型服务企业所得税政策推广至全国实施的通知》（财税〔2017〕79号），明确将技术先进型服务企业优惠政策（服务外包类）在全国范围内推广。2018年，为进一步推动服务贸易创新发展、优化外贸结构，五部门发布《关于将服务贸易创新发展试点地区技术先进型服务企业所得税政策推广至全国实施的通知》（财税〔2018〕44号），将财税〔2016〕122号规定的技术先进型服务企业15%的税率政策（服务贸易类）推广到全国。

1.3.1 认定条件

（1）在中国境内（不包括港、澳、台地区）注册的法人企业；

（2）从事财税〔2017〕79号《技术先进型服务业务认定范围（试行）》或财税〔2018〕44号《技术先进型服务业务领域范围（服务贸易类）》中的一种或多种技术先进型服务业务，采用先进技术或具备较强的研发能力；

（3）具有大专以上学历的员工占企业职工总数的50%以上；

（4）从事财税〔2017〕79号《技术先进型服务业务认定范围（试行）》或财税〔2018〕44号《技术先进型服务业务领域范围（服务贸易类）》中的技术先进型服务业务取得的收入占企业当年总收入的50%以上；

（5）从事离岸服务外包业务取得的收入不低于企业当年总收入的35%。

风险提示

（1）服务外包类技术先进型服务企业与服务贸易类技术先进型服务企业的认定条件是一致的，仅企业须满足的技术先进型服务业务领域范围不同。服务外包类适用财税〔2017〕79号《技术先进型服务业务认定范围（试行）》，服务贸易类适用财税〔2018〕44号《技术先进型服务业务领域范围（服务贸易类）》。

（2）不同于高新技术企业认定，财税〔2017〕79号通知对于技术先进型服务企业的认定条件做了原则性规定，未进一步明确实施细则，比如具有大专以上学历的员工、企业职工总数的计算方法，采用先进技术或具备较强的研发能力的判定方法，企业当年总收入的计算方法等。各地按照财税〔2017〕79号通知规定出台本省（自治区、直辖市、计划单列市）技术先进型服务企业认定管理办法并据此开展认定工作。

（3）技术先进型服务企业认定仅适用于中国境内（不包括港、澳、台地区）注册的法人企业。

（4）从事离岸服务外包业务取得的收入，是指企业根据境外单位与其签订的委托合同，由本企业或其直接转包的企业为境外单位提供财税〔2017〕79号《技术先进型服务业务认定范围（试行）》中所规定的信息技术外包服务（ITO）、技术性业务流程外包服务（BPO）和技术性知识流程外包服务（KPO），或提供财税〔2018〕44号《技术先进型服务业务领域范围（服务贸易类）》中所规定的计算机和信息服务、研究开发和技术服务、文化技术服务、中医药医疗服务而从上述境外单位取得的收入。

1.3.2 管理事项

符合条件的技术先进型服务企业应向所在省级科技部门提出申请，由省级科技部门会同本级商务、财政、税务和发展改革部门联合评审后发文认定，并将认定企业名单及有关情况通过全国技术先进型服务企业业务办理管理平台备案，科技部与商务部、财政部、国家税务总局、国家发展和改革委员会共享备案信息。符合条件的技术先进型服务企业须在商务部“服务贸易统计监测管理信息系统（服务外包信息管理应用）”中填报企业基本信息，按时报送数据。

享受企业所得税优惠的技术先进型服务企业条件发生变化的，应当自发生变化之日起15日内向主管税务机关报告；不再符合享受税收优惠条件的，应当依法履行纳税义务。主管税务机关在执行税收优惠政策过程中，发现企业不具备技术先进型服务企业资格的，应提请认定机构复核。复核后确认不符合认定条件的，应取消企业享受税收优惠政策的资格。

风险提示

（1）财税〔2017〕79号对技术先进型服务企业认定管理程序做了原则性规定。它与高新技术企业认定管理程序主要有两点相似：一是多部门联合评审认定。符合条件的企业向所在省级科技部门提出申请，由省级科技部门会同本级商务、财政、税务和发展改革部门联合评审后发文认定。二是发现企业不符合条件的先提请认定机构复核。发现企业不具备技术先进型服务企业资格的，应提请认定机构复核，复核后确认不符合认定条件的，再取消企业享受税收优惠政策的资格。它与高新技术企业认定管理程序主要不同之处在于，财税〔2017〕79号对技术先进型服务企业认定管理程序的规定较为简单，认定评审细节未作特别规定，各省制定的认定管理办法可能略有差别。

（2）省级科技、商务、财政、税务和发展改革部门对经认定并享受税收优惠政策的技术先进型服务企业做好跟踪管理。对变更经营范围、合并、分立、转业、迁移的企业，如不再符合认定条件，应及时取消其享受税收优惠政策的资格。

1.3.3 申报事项

涉税申报中，针对技术先进型服务企业的申报事项主要是企业所得税年报《A000000企业所得税年度纳税申报基础信息表》，即表1-8。经认定的技术先进型服务企业无论是否享受企业所得税优惠政策，均应填报“206技术先进型服务企业类型”，从表1-9《技术先进型服务企业类型代码表》中选择相应的代码填报。

表1-9 技术先进型服务企业类型代码表

代码	类型	
	大类	小类
110	服务外包类	信息技术外包服务（ITO）
120		技术性业务流程外包服务（BPO）
130		技术性知识流程外包服务（KPO）
210	服务贸易类	计算机和信息服务
220		研究开发和技术服务
230		文化技术服务
240		中医药医疗服务

1.4 软件和集成电路企业

软件和集成电路企业的税收优惠管理方式经历了从事前审批到事后核查再到部分实行清单管理的发展过程。2015年，软件、集成电路企业资格认定的行政审批事项全面取消，财税〔2016〕49号提出了“在软件、集成电路企业享受优惠政策后，税务部门转请发展改革、工业和信息化部门进行核查”的管理方式。2020年，《中华人民共和国工业和信息化部公告》（2020年第45号）等文件将软件和集成电路企业税收优惠落实的管理方式进一步调整为清单管理和非清单管理两类，发改高技〔2021〕413号详细规定了清单管理方式有关内容。

清单管理和非清单管理适用不同的企业类型和条件，企业应当准确把握并适用。2020年后的最新政策中，“国家鼓励的集成电路设计、装备、材料、封装、测试企业和软件企业”所得税优惠政策适用非清单管理方式，享受优惠的企业在完成年度汇算清缴后，按要求将主要留存备查资料提交给税务机关，由税务机关按照财税〔2016〕49号第十条规定转请省级工业和信息化主管部门进行核查。其他软件、集成电路企业所得税优惠政策及关税政策等基本适用清单管理方式，企业应当根据发改高技〔2021〕413号规定及时申请列入清单。部分软件、集成电路企业所得税优惠政策涉及2020年前后政策内容变化，企业要关注《中华人民共和国工业和信息化部公告》（2020年第45号）有关过渡期政策条款规定，正确选择企业适用的政策及其对应的管理方式。支持软件和集成电路企业发展的税收政策详见本书2.4相关内容解析。

1.4.1 管理方式

1.4.1.1 清单管理方式

根据《国家发展改革委等五部门关于做好享受税收优惠政策的集成电路企业或项目、软件企业清单制定工作有关要求的通知》（发改高技〔2021〕413号），清单是指《国务院关于印发新时期促进集成电路产业和软件产业高质量发展若干政策的通知》（国发〔2020〕8号，本节以下简称《若干政策》）第（一）条提及的国家鼓励的集成电路线宽小于28纳米（含）、线宽小于65纳米（含）、线宽小于130纳米（含）的集成电路生产企业或项目的清单；《若干政策》第（三）、（六）、（七）、（八）条和《财政部 海关总署 税务总局关于支持集成电路产业和软件产业发展进口税收政策的通知》（财关税〔2021〕4号）、《财政部 国家发展改革委 工业和信息化部 海关总署 税务总局关于支持集成电路产业和软件产业发展进口税收政策管理办法的通知》（财关税〔2021〕5号）提及的国家鼓励的重点集成电路设计企业和软件企业，集成电路线宽小于65纳米（含）的逻辑电路、存储器生产企业，线宽小于0.25微米（含）的特色工艺集成电路生产企业，集成电路线宽小于0.5微米（含）的化合物集成电路生产企业和先进封装测试企业，集成电路产业的关键原材料、零配件（靶材、光刻胶、掩模版、封装载板、抛光垫、抛光液、8英寸及以上硅单晶、8英寸及以上硅片）生产企业，集成电路重大项目和承建企业的清单。

申请列入清单的企业，原则上每年3月25日至4月16日在信息填报系统（https：//yyglxxbs.ndrc.gov.cn/xxbs-front/）中提交申请，并将必要佐证材料（电子版、纸质版。如因特殊情况不能按时完成审计，可先提交未经审计的企业会计报告，并于4月16日后10个工作日内，在信息填报系统中补充提交经审计的企业会计报告）报各省、自治区、直辖市及计划单列市、新疆生产建设兵团发展改革委或工业和信息化主管部门（由地方发展改革委确定接受单位）。

各省、自治区、直辖市及计划单列市、新疆生产建设兵团发展改革委及工业和信息化主管部门（本节以下简称"地方发改和工信部门"）根据企业条件和项目标准（附后），对企业申报的信息进行初核推荐后，报送至国家发展改革委、工业和信息化部。《若干政策》第（一）、（三）、（六）、（七）条，以及财关税〔2021〕4号文提及的集成电路产业的关键原材料、零配件生产企业清单，由国家发展和改革委员会、工业和信息化部、财政部、海关总署、国家税务总局进行联审确认，并联合印发。《若干政策》第（八）条提及的集成电路重大项目，由国家发展和改革委员会、工业和信息化部形成清单后，函告财政部，财政部会同海关总署、国家税务总局最终确定。

清单印发前，企业可依据税务有关管理规定，先行按照企业条件和项目标准享受相关国内税收优惠政策。清单印发后，如企业未被列入清单，应按规定补缴已享受优惠的企业所得税款。申请享受《若干政策》第（一）、（三）、（六）、（七）条，以及财关税〔2021〕4号文提及的关税优惠政策的企业，可于汇算清缴结束前，从信息填报系统中查询其是否被列入清单。享受《若干政策》第（八）条优惠政策的企业，由企业所在地直属海关告知。

已享受《若干政策》第（一）、（三）、（六）、（七）条，以及财关税〔2021〕4号文提及的关税优惠政策的企业或项目发生更名、分立、合并、重组以及主营业务重大变化等情况，应及时向地方发展改革及工业和信息化部门报告，并提交相关材料，由国家发展和改革委员会、工业和信息化部会同相关部门确定发生变更情形后是否仍符合企业条件或项目标准。

1.4.1.2 事后核查管理方式（非清单管理方式）

根据《关于软件和集成电路产业企业所得税优惠政策有关问题的通知》（财税〔2016〕49号）第十条和《中华人民共和国工业和信息化部 国家发展改革委 财政部 国家税务总局公告》（2021年第9号）第六条规定，省级（自治区、直辖市、计划单列市，下同）财政、税务、发展改革和工业和信息化部门应密切配合，通过建立核查机制并有效运用核查结果，切实加强对软件、集成电路企业的后续管理工作。

①省级税务部门应在每年3月20日前和6月20日前分两批将汇算清缴年度已申报享受软件、集成电路企业税收优惠政策的企业名单及其相关资料提交省级工业和信息化部门。省级工业和信息化部门组织专家或者委托第三方机构对名单内企业是否符合条件进行核查。

②省级工业和信息化部门应在收到享受优惠政策的企业名单和相关资料两个月内将复核结果反馈给省级税务部门（第一批名单复核结果应在汇算清缴期结束前反馈）。

③省级财政、税务、发展改革、工业和信息化部门可以根据通知规定，结合当地实际，制定具体操作管理办法，并报财政部、税务总局、发展改革委、工业和信息化部备案。

1.4.2 清单管理企业条件

1.4.2.1 国家鼓励的集成电路生产企业或项目条件

《若干政策》第（一）条提及的国家鼓励的集成电路线宽小于28纳米（含）、线宽小于65纳米（含）、线宽小于130纳米（含）的集成电路生产企业或项目享受税收优惠政策需符合如下条件：

①在中国境内（不包括港、澳、台地区）依法注册并具有独立法人资格的企业；

②符合国家布局规划和产业政策；

③汇算清缴年度具有劳动合同关系或劳务派遣、聘用关系，其中具有本科及以上学历月平均职工人数占企业月平均职工总人数的比例不低于30%，研究开发人员月平均数占企业月平均职工总数的比例不低于20%（从事8英寸及以下集成电路生产的不低于15%）；

④企业拥有关键核心技术和属于本企业的知识产权，并以此为基础开展经营活动，且汇算清缴年度研究开发费用总额占企业销售（营业）收入（主营业务收入与其他业务收入之和）总额的比例不低于2%（本条及下述研究开发费用政策口径，按照财税〔2015〕119号和《国家税务总局关于研发费用税前加计扣除归集范围有关问题的公告》（2017年第40号）的规定执行）；

⑤汇算清缴年度集成电路制造销售（营业）收入占企业收入总额的比例不低于60%；

⑥具有保证相关工艺线宽产品生产的手段和能力；

⑦汇算清缴年度未发生重大安全、重大质量事故或严重环境违法行为；

⑧对于按照集成电路生产项目享受税收优惠政策的，项目主体企业应符合相应的集成电路生产企业条件，且能够对该项目单独进行会计核算、计算所得，并合理分摊期间费用。

1.4.2.2 国家鼓励的重点集成电路设计企业条件

《若干政策》第（三）、（七）条提及的国家鼓励的重点集成电路设计企业享受税收优惠政策条件，除符合1.4.4.1国家鼓励的集成电路设计企业条件外，还应符合以下条件：

①汇算清缴年度具有劳动合同关系或劳务派遣、聘用关系，其中具有本科及以上学历月平均职工人数占企业月平均职工总人数的比例不低于50%，研究开发人员月平均数占企业月平均职工总数的比例不低于40%。

②拥有关键核心技术，并以此为基础开展经营活动，且汇算清缴年度研究开发费用总额占企业销售（营业）收入（主营业务收入与其他业务收入之和）总额的比例不低于6%。

③汇算清缴年度集成电路设计（含EDA工具、IP和设计服务，下同）销售（营业）收入占企业收入总额的比例不低于70%，其中集成电路自主设计销售（营业）收入占企业收入总额的比例不低于60%；对于集成电路设计销售（营业）收入超过50亿元的企业，汇算清缴年度集成电路设计销售（营业）收入占企业收入总额的比例不低于60%，其中集成电路自主设计销售（营业）收入占企业收入总额的比例不低于50%。

④企业拥有核心关键技术和属于本企业的知识产权，企业拥有与集成电路产品设计相关的已授权发明专利、布图设计登记、计算机软件著作权合计不少于8个。

除以上条件外，还应至少符合下列条件中的一项：

①汇算清缴年度，集成电路设计销售（营业）收入不低于5亿元，应纳税所得额不低于3 000万元；对于集成电路设计销售（营业）收入不低于50亿元的企业，可不要求应纳税所得额，但研究开发费用总额占企业销售（营业）收入（主营业务收入与其他业务收入之和）总额的比例不低于8%。

②在国家鼓励的重点集成电路设计领域内，汇算清缴年度集成电路设计销售（营业）收入不低于3 000万元，应纳税所得额不低于350万元。

说明：重点集成电路设计领域见表1-10。如果业务范围涉及多个领域，仅选择其中一个领域进行申请。选择领域的销售（营业）收入占本企业集成电路设计销售（营业）收入的比例不低于50%。

表1-10 重点集成电路设计领域

重点集成电路设计领域	（1）高性能处理器和FPGA芯片
	（2）存储芯片
	（3）智能传感器
	（4）工业、通信、汽车和安全芯片
	（5）EDA、IP和设计服务

1.4.2.3 国家鼓励的重点软件企业条件

《若干政策》第（三）、（七）条提及的国家鼓励的重点软件企业，除符合1.4.4.5国家鼓励的软件企业条件外，还应至少符合下列条件中的一项，具体领域说明附在条件后。

①专业开发基础软件、研发设计类工业软件的企业，汇算清缴年度软件产品开发销售及相关信息技术服务（营业）收入（其中相关信息技术服务是指与实现软件产品功能直接相关的咨询设计、软件运维、数据服务，下同）不低于5 000万元；汇算清缴年度研究开发费用总额占企业销售（营业）收入总额的比例不低于7%。

②专业开发生产控制类工业软件、新兴技术软件、信息安全软件的企业，汇算清缴年度软件产品开发销售及相关信息技术服务（营业）收入不低于1亿元；应纳税所得额不低于500万元；研究开发人员月平均数占企业月平均职工总数的比例不低于30%；汇算清缴年度研究开发费用总额占企业销售（营业）收入总额的比例不低于8%。

③专业开发重点领域应用软件、经营管理类工业软件、公有云服务软件、嵌入式软件的企业，汇算清缴年度软件产品开发销售及相关信息技术服务（营业）收入不低于5亿元，应纳税所得额不低于2 500万元；研究开发人员月平均数占企业月

平均职工总数的比例不低于30%；汇算清缴年度研究开发费用总额占企业销售（营业）收入总额的比例不低于7%。

说明：重点软件领域见表1-11。如果业务范围涉及多个领域，仅选择其中一个领域进行申请。选择领域的软件产品开发及相关信息技术服务销售（营业）收入（其中相关信息技术服务是指与实现选择领域软件产品功能直接相关的咨询设计、软件运维、数据服务）占本企业软件产品开发及相关信息技术服务销售（营业）收入的比例不低于50%。企业拥有所选择领域相应的发明专利不少于2项，相应领域计算机软件著作权登记证书不少于2项（均应具备对应的测试报告）。

表1-11 **重点软件领域**

重点软件领域	（1）基础软件：操作系统、数据库管理系统、中间件、通用办公软件、固件（BIOS）、开发支撑软件、少数民族语言文字编辑处理软件
	（2）研发设计类工业软件：虚拟仿真系统、计算机辅助设计（CAD）、计算机辅助工程（CAE）、计算机辅助制造（CAM）、计算机辅助工艺规划（CAPP）、建筑信息模型（BIM）、产品数据管理（PDM）软件
	（3）生产控制类工业软件：工业控制系统、制造执行系统（MES）、制造运行管理（MOM）、调度优化系统（ORION）、先进控制系统（APC）、安全仪表系统（SIS）、可编程控制器（PLC）
	（4）新兴技术软件：分布式计算、数据分析挖掘、可视化、数据采集清洗等大数据软件，人机交互、通用算法、基础算法库、工具链、机器学习和深度学习框架等人工智能软件，信息系统运行维护软件，超级计算软件，区块链软件，工业互联网平台软件，云管理软件，虚拟化软件
	（5）信息安全软件：信息系统安全、网络安全、密码算法、数据安全、安全测试等方面的软件
	（6）重点行业应用软件：面向党政机关、国防、能源、交通、物流、通信、广电、医疗、建筑、制造业、应急、社保、农业、水利、教育、金融财税、知识产权、检验检测、科学研究、公共安全、节能环保、自然资源、城市管理、地理信息领域的专业应用软件
	（7）经营管理类工业软件：企业资源计划（ERP）、供应链管理（SCM）、客户关系管理（CRM）、人力资源管理（HRM）、企业资产管理（EAM）、产品生命周期管理（PLM）、运维综合保障管理（MRO）软件及相关云服务
	（8）公有云服务软件：大型公有云 IaaS、PaaS 服务软件
	（9）嵌入式软件（软件收入比例不低于50%）：通信设备、汽车电子、交通监控设备、电子测量仪器、装备自动控制、电子医疗器械、计算机应用产品、终端设备等嵌入式软件及嵌入式软件开发环境相关软件

1.4.2.4 《若干政策》第（六）条集成电路生产企业条件

《若干政策》第（六）条提及的集成电路线宽小于65纳米（含）的逻辑电路和存储器生产企业、线宽小于0.25微米（含）的特色工艺集成电路生产企业、集成电路线宽小于0.5微米（含）的化合物集成电路生产企业，以及财关税〔2021〕4号文提及的集成电路产业的关键原材料、零配件（靶材、光刻胶、掩模版、封装载板、抛光垫、抛光液、8英寸及以上硅单晶、8英寸及以上硅片）生产企业享受税收优惠政策条件如下：

①在中国境内（不包括港、澳、台地区）依法注册并具有独立法人资格的企业；

②符合国家布局规划和产业政策；

③具有保证产品生产的手段和能力；

④汇算清缴年度未发生重大安全、重大质量事故或严重环境违法行为。

1.4.2.5 《若干政策》第（六）条先进封装测试企业条件

《若干政策》第（六）条提及的先进封装测试企业享受财税优惠政策条件如下：

①在中国境内（不包括港、澳、台地区）依法注册并具有独立法人资格的企业；

②符合国家布局规划和产业政策；

③汇算清缴年度企业先进封装测试（晶圆级封装、系统级封装、2.5维和3维封装）规划产能占总规划产能比例，按封装产品颗粒数或晶圆数（折合8英寸）计算不低于40%；

④具有保证产品生产的手段和能力；

⑤汇算清缴年度未发生重大安全、重大质量事故或严重环境违法行为。

1.4.2.6 集成电路重大项目承建企业条件

《若干政策》第（八）条提及的集成电路重大项目企业享受财税优惠政策条件如下：享受《若干政策》第（八）条的集成电路重大项目承建企业应符合1.4.2.4和1.4.2.5的相对应规定。除以上条件外，还应符合下列对应条件中的一项：

（1）芯片制造类重大项目，需同时满足以下条件：

①符合国家布局规划和产业政策。

②对于不同工艺类型芯片制造项目，需分别满足以下条件：

a.对于工艺线宽小于65纳米（含）的逻辑电路、存储器项目，固定资产总投资额需超过80亿元，规划月产能超过1万片（折合12英寸）。

b.对于工艺线宽小于0.25微米（含）的模拟、数模混合、高压、射频、功率、光电集成、图像传感、微机电系统、绝缘体上硅工艺等特色芯片制造项目，固定资产总投资额超过10亿元，规划月产能超过1万片（折合8英寸）。

c.对于工艺线宽小于0.5微米（含）的基于化合物集成电路制造项目，固定资产总投资额超过10亿元，规划月产能超过1万片（折合6英寸）。

（2）先进封装测试类重大项目，需同时满足以下条件：

①符合国家布局规划和产业政策；

②固定资产总投资额超过10亿元；

③封装规划年产能超过10亿颗芯片或50万片晶圆（折合8英寸）。

1.4.3 清单管理企业提交材料明细表

采用清单管理方式的软件、集成电路企业（项目），申请列入清单需提交的材料见表1-12。

表1-12 **申请列入清单企业提交材料清单**

企业或项目类型	材料清单（复印件须加盖企业公章）
1.4.2.1 国家鼓励的集成电路生产企业或项目	1.企业法人营业执照副本、企业取得的其他相关资质证书等（可提供相应查询网址）； 2.项目备案文件（备案表）（可提供相应查询网址）； 3.企业职工人数、学历结构、研究开发人员情况及人数占职工总数的比例说明，企业研究开发人员名单，以及汇算清缴年度最后一个月的企业职工社会保险缴纳证明（包括劳务派遣人员代缴社保付款凭证）等相关证明材料； 4.企业主要工艺、产品列表（名称/规格）； 5.企业拥有与主营产品相关的发明专利等证明材料； 6.经具有资质的中介机构鉴证的汇算清缴年度企业会计报告（包括会计报表、会计报表附注和财务情况说明书等），以及集成电路制造销售（营业）收入、自有集成电路产品制造销售（营业）收入、研究开发费用等情况表； 7.与主要客户签订的一至两份代表性销售合同复印件； 8.企业具有保证产品生产的手段和能力的证明材料（包括采购设备清单等）； 9.省级发展改革委（工业和信息化主管部门）要求出具的其他材料
1.4.2.2 国家鼓励的重点集成电路设计企业	1.企业法人营业执照副本、企业取得的其他相关资质证书等（可提供相应查询网址）； 2.企业职工人数、学历结构、研究开发人员情况及人数占职工总数的比例说明，企业研究开发人员名单，以及汇算清缴年度最后一个月的企业职工社会保险缴纳证明（包括劳务派遣人员代缴社保付款凭证）等相关证明材料； 3.企业开发销售的主要产品和服务列表（名称/重点领域/对应销售（营业）收入规模）； 4.企业拥有与主营产品相关的不少于8项的已授权发明专利、布图设计登记、计算机软件著作权登记证书的证明材料； 5.经具有资质的中介机构鉴证的汇算清缴年度企业会计报告（包括会计报表、会计报表附注和财务情况说明书等），以及集成电路设计销售（营业）收入、集成电路自主设计销售（营业）收入、研究开发费用等情况表； 6.第三方检测机构提供的集成电路产品测试报告或用户报告，以及与主要客户签订的一至两份代表性销售合同复印件； 7.企业具有与集成电路设计相适应的软硬件设施等开发环境的证明材料； 8.省级发展改革委（工业和信息化主管部门）要求出具的其他材料

续表

企业或项目类型	材料清单（复印件须加盖企业公章）
1.4.2.3 国家鼓励的重点软件企业	1.企业法人营业执照副本、企业取得的其他相关资质证书等（可提供相应查询网址）； 2.企业职工人数、学历结构、研究开发人员情况及人数占职工总数的比例说明，企业研究开发人员名单，以及汇算清缴年度最后一个月的企业职工社会保险缴纳证明（包括劳务派遣人员代缴社保付款凭证）等相关证明材料； 3.企业开发销售的主要软件产品列表（名称/重点领域/对应销售（营业）收入规模）； 4.企业具有所申报领域相应的已授权发明专利不少于 2 项，相应领域计算机软件著作权登记证书不少于 2 项（均应具备对应的测试报告）的证明材料； 5.经具有资质的中介机构鉴证的汇算清缴年度企业会计报告（包括会计报表、会计报表附注和财务情况说明书等），以及软件产品开发销售及相关信息技术服务（营业）收入、软件产品自主开发销售（营业）收入、研究开发费用、境内研究开发费用等情况表。 6.汇算清缴年度与申报领域相关的合同列表及销售凭证； 7.与主要客户签订的一至两份代表性销售合同复印件； 8.企业具有与软件开发相适应的软硬件设施等开发环境（如合法的开发工具等）的证明材料； 9.省级发展改革委（工业和信息化主管部门）要求出具的其他材料
1.4.2.4 《若干政策》第（六）条集成电路生产企业以及1.4.2.5《若干政策》第（六）条先进封装测试企业	1.企业法人营业执照副本、企业取得的其他相关资质证书等（可提供相应查询网址）； 2.项目备案文件（备案表）（可提供相应查询网址）； 3.企业具有保证产品生产的手段和能力的证明材料（包括采购设备清单等），先进封装、测试企业需提供按封装产品颗粒数或晶圆数（折合 8 英寸）计算，先进封装测试（晶圆级封装、系统级封装、2.5 维和 3 维封装）规划产能占总规划产能比例不低于 40% 的证明材料； 4.省级发展改革委（工业和信息化主管部门）要求出具的其他材料
1.4.2.6 集成电路重大项目承建企业	1.项目承建企业对应类别的集成电路企业条件材料清单； 2.固定资产投资额相关证明材料； 3.省级发展改革委（工业和信息化主管部门）要求出具的其他材料

注：企业和项目类型与1.4.2分类相对应，依据国发〔2020〕8号文编写，材料模板请咨询省级发展改革委（工业和信息化主管部门），填报说明见信息填报系统。

1.4.4 事后核查企业（非清单管理企业）条件

1.4.4.1 国家鼓励的集成电路设计企业条件

①在中国境内（不包括港、澳、台地区）依法设立，从事集成电路设计、电子设计自动化（EDA）工具开发或知识产权（IP）核设计并具有独立法人资格的企业；

②汇算清缴年度具有劳动合同关系或劳务派遣、聘用关系的月平均职工人数不少于20人，其中具有本科及以上学历月平均职工人数占企业月平均职工总人数的比例不低于50%，研究开发人员月平均数占企业月平均职工总数的比例不低于40%；

③汇算清缴年度研究开发费用总额占企业销售（营业）收入（主营业务收入与其他业务收入之和，下同）总额的比例不低于6%；

④汇算清缴年度集成电路设计（含EDA工具、IP和设计服务，下同）销售（营业）收入占企业收入总额的比例不低于60%，其中自主设计销售（营业）收入占企业收入总额的比例不低于50%，且企业收入总额不低于（含）1 500万元；

⑤拥有核心关键技术和属于本企业的知识产权，企业拥有与集成电路产品设计相关的已授权发明专利、布图设计登记、计算机软件著作权合计不少于8个；

⑥具有与集成电路设计相适应的软硬件设施等开发环境和经营场所，且必须使用正版的EDA等软硬件工具；

⑦汇算清缴年度未发生严重失信行为，重大安全、重大质量事故或严重环境违法行为。

1.4.4.2 国家鼓励的集成电路装备企业条件

①在中国境内（不包括港、澳、台地区）依法设立，从事集成电路专用装备或关键零部件研发、制造并具有独立法人资格的企业；

②汇算清缴年度具有劳动合同关系或劳务派遣、聘用关系且具有大学专科及以上学历月平均职工人数占企业当年月平均职工总人数的比例不低于40%，研究开发人员月平均数占企业当年月平均职工总数的比例不低于20%；

③汇算清缴年度用于集成电路装备或关键零部件研究开发费用总额占企业销售（营业）收入总额的比例不低于5%；

④汇算清缴年度集成电路装备或关键零部件销售收入占企业销售（营业）收入总额的比例不低于30%，且企业销售（营业）收入总额不低于（含）1 500万元；

⑤拥有核心关键技术和属于本企业的知识产权，企业拥有与集成电路装备或关键零部件研发、制造相关的已授权发明专利数量不少于5个；

⑥具有与集成电路装备或关键零部件生产相适应的经营场所、软硬件设施等基本条件；

⑦汇算清缴年度未发生严重失信行为，重大安全、重大质量事故或严重环境违法行为。

1.4.4.3 国家鼓励的集成电路材料企业条件

①在中国境内（不包括港、澳、台地区）依法设立，从事集成电路专用材料研发、生产并具有独立法人资格的企业；

②汇算清缴年度具有劳动合同关系或劳务派遣、聘用关系且具有大学专科及以上学历月平均职工人数占企业当年月平均职工总人数的比例不低于40%，研究开发人员月平均数占企业当年月平均职工总数的比例不低于15%；

③汇算清缴年度用于集成电路材料研究开发费用总额占企业销售（营业）收入总额的比例不低于5%；

④汇算清缴年度集成电路材料销售收入占企业销售（营业）收入总额的比例不低于30%，且企业销售（营业）收入总额不低于（含）1 000万元；

⑤拥有核心关键技术和属于本企业的知识产权，且企业拥有与集成电路材料研发、生产相关的已授权发明专利数量不少于5个；

⑥具有与集成电路材料生产相适应的经营场所、软硬件设施等基本条件；

⑦汇算清缴年度未发生严重失信行为，重大安全、重大质量事故或严重环境违法行为。

1.4.4.4 国家鼓励的集成电路封装、测试企业条件

①在中国境内（不包括港、澳、台地区）依法设立，从事集成电路封装、测试并具有独立法人资格的企业；

②汇算清缴年度具有劳动合同关系或劳务派遣、聘用关系且具有大学专科以上学历月平均职工人数占企业当年月平均职工总人数的比例不低于40%，研究开发人员月平均数占企业当年月平均职工总数的比例不低于15%；

③汇算清缴年度研究开发费用总额占企业销售（营业）收入总额的比例不低于3%；

④汇算清缴年度集成电路封装、测试销售（营业）收入占企业收入总额的比例不低于60%，且企业收入总额不低于（含）2 000万元；

⑤拥有核心关键技术和属于本企业的知识产权，且企业拥有与集成电路封装、测试相关的已授权发明专利、计算机软件著作权合计不少于5个；

⑥具有与集成电路芯片封装、测试相适应的经营场所、软硬件设施等基本

条件；

⑦汇算清缴年度未发生严重失信行为，重大安全、重大质量事故或严重环境违法行为。

1.4.4.5 国家鼓励的软件企业条件

①在中国境内（不包括港、澳、台地区）依法设立，以软件产品开发及相关信息技术服务为主营业务并具有独立法人资格的企业；该企业的设立具有合理商业目的，且不以减少、免除或推迟缴纳税款为主要目的；

②汇算清缴年度具有劳动合同关系或劳务派遣、聘用关系，其中具有本科及以上学历的月平均职工人数占企业月平均职工总人数的比例不低于40%，研究开发人员月平均数占企业月平均职工总数的比例不低于25%；

③拥有核心关键技术，并以此为基础开展经营活动，汇算清缴年度研究开发费用总额占企业销售（营业）收入总额的比例不低于7%，企业在中国境内发生的研究开发费用金额占研究开发费用总额的比例不低于60%；

④汇算清缴年度软件产品开发销售及相关信息技术服务（营业）收入占企业收入总额的比例不低于55%（嵌入式软件产品开发销售（营业）收入占企业收入总额的比例不低于45%），其中软件产品自主开发销售及相关信息技术服务（营业）收入占企业收入总额的比例不低于45%（嵌入式软件产品开发销售（营业）收入占企业收入总额的比例不低于40%）；

⑤主营业务或主要产品具有专利或计算机软件著作权等属于本企业的知识产权；

⑥具有与软件开发相适应的生产经营场所、软硬件设施等开发环境（如合法的开发工具等），建立符合软件工程要求的质量管理体系并持续有效运行；

⑦汇算清缴年度未发生重大安全事故、重大质量事故、知识产权侵权等行为，企业合法经营。

1.4.5 事后核查企业留存备查资料明细表

采用非清单管理方式的软件、集成电路企业（项目）留存备查资料参见表1-13。

1.4.6 申报事项

涉税申报中，针对软件、集成电路企业的申报事项主要是企业所得税年报《A000000企业所得税年度纳税申报基础信息表》（见表1-8）和《A107042软件、集成电路企业优惠情况及明细表》（见表1-15）。

表1-13 **非清单管理方式企业留存备查资料清单**

企业类型	资料清单（复印件须加盖企业公章）
1.4.4.1 集成电路设计企业	1.企业法人营业执照副本、企业取得的其他相关资质证书等； 2.企业职工人数、学历结构、研究开发人员情况及人数占企业职工总数的比例说明，企业研究开发人员名单，以及汇算清缴年度最后一个月的企业职工社会保险缴纳证明（包括劳务派遣人员代缴社保付款凭证）等相关材料； 3.企业开发销售的主要产品和服务列表（名称/领域/对应销售（营业）收入规模）； 4.企业拥有与主营产品相关的不少于8项的已授权发明专利、布图设计登记、计算机软件著作权登记证书的材料； 5.经具有资质的中介机构鉴证的汇算清缴年度企业会计报告（包括会计报表、会计报表附注和财务情况说明书等），以及集成电路设计销售（营业）收入、集成电路自主设计销售（营业）收入、研究开发费用等情况表； 6.第三方检测机构提供的集成电路主要产品测试报告或用户报告，以及与主要客户签订的一至两份代表性销售合同复印件； 7.企业具有与集成电路设计相适应的软硬件设施等开发环境的材料
1.4.4.2 集成电路装备企业	1.企业法人营业执照副本、企业取得的其他相关资质证书等； 2.企业职工人数、学历结构、研究开发人员情况及人数占企业职工总数的比例说明，企业研究开发人员名单，以及汇算清缴年度最后一个月的企业职工社会保险缴纳证明（包括劳务派遣人员代缴社保付款凭证）等相关材料； 3.企业开发销售的主要产品列表（名称/规格）； 4.企业拥有与主营产品相关的不少于5项的已授权发明专利材料； 5.经具有资质的中介机构鉴证的汇算清缴年度企业会计报告（包括会计报表、会计报表附注和财务情况说明书等），以及集成电路装备销售（营业）收入、研究开发费用等情况表； 6.与主要客户签订的一至两份代表性销售合同复印件； 7.企业具有与集成电路装备生产相适应的经营场所、软硬件设施等材料
1.4.4.3 集成电路材料企业	1.企业法人营业执照副本、企业取得的其他相关资质证书等； 2.企业职工人数、学历结构、研究开发人员情况及人数占企业职工总数的比例说明，企业研究开发人员名单，以及汇算清缴年度最后一个月的企业职工社会保险缴纳证明（包括劳务派遣人员代缴社保付款凭证）等相关材料； 3.企业开发销售的主要产品列表（名称/规格）； 4.企业拥有与主营产品相关的不少于5项的已授权发明专利材料； 5.经具有资质的中介机构鉴证的汇算清缴年度企业会计报告（包括会计报表、会计报表附注和财务情况说明书等），以及集成电路材料销售（营业）收入、研究开发费用等情况表； 6.与主要客户签订的一至两份代表性销售合同复印件； 7.企业具有与集成电路材料生产相适应的经营场所、软硬件设施等材料

续表

企业类型	资料清单（复印件须加盖企业公章）
1.4.4.4　集成电路封装、测试企业	1.企业法人营业执照副本、企业取得的其他相关资质证书等； 2.企业职工人数、学历结构、研究开发人员情况及人数占企业职工总数的比例说明，企业研究开发人员名单，以及汇算清缴年度最后一个月的企业职工社会保险缴纳证明（包括劳务派遣人员代缴社保付款凭证）等相关材料； 3.企业开发销售的主要产品列表（名称/规格）； 4.企业拥有与主营产品相关的不少于5项的已授权发明专利、计算机软件著作权登记证书的材料； 5.经具有资质的中介机构鉴证的汇算清缴年度企业会计报告（包括会计报表、会计报表附注和财务情况说明书等），以及集成电路封装、测试销售（营业）收入、研究开发费用等情况表； 6.与主要客户签订的一至两份代表性销售合同复印件； 7.企业具有与集成电路封装、测试相适应的经营场所、软硬件设施等材料
1.4.4.5　软件企业	1.企业开发销售的主要软件产品列表或技术服务列表； 2.主营业务为软件产品开发的企业，提供至少1个主要产品的软件著作权或专利权等自主知识产权的有效证明文件，以及第三方检测机构提供的软件产品测试报告，主营业务仅为技术服务的企业提供核心技术说明； 3.企业职工人数、学历结构、研究开发人员情况及人数占企业职工总数的比例说明，以及汇算清缴年度最后一个月社会保险缴纳证明等相关证明材料； 4.经具有资质的中介机构鉴证的企业财务会计报告（包括会计报表、会计报表附注和财务情况说明书）以及软件产品开发销售（营业）收入、软件产品自主开发销售（营业）收入、研究开发费用、境内研究开发费用等情况说明； 5.与主要客户签订的一至两份代表性的软件产品销售合同或技术服务合同复印件； 6.企业开发环境相关证明材料

注：企业类型与1.4.4分类相对应，依据国发〔2020〕8号文和《中华人民共和国工业和信息化部 国家发展改革委 财政部 国家税务总局公告》（2021年第9号）编。上述留存备查资料将在企业享受优惠后提交给省级发展改革委（工业和信息化主管部门）。

1.4.6.1　企业所得税年度纳税申报基础信息表

软件、集成电路企业若符合相关企业所得税优惠政策条件，无论是否享受企业所得税优惠，均应填报《A000000企业所得税年度纳税申报基础信息表》（见表1-8）“208软件、集成电路企业类型”项目，且仅可从中选择一项填列。纳税人既符合“208软件、集成电路企业类型”项目填报条件，又符合“209集成电路生产项目类型”项目填报条件的，应当同时填报两个项目。

“208软件、集成电路企业类型”项目中，适用纳税人根据表1-8“208软件、集成电路企业类型”填报的企业类型和实际经营情况，从表1-14“软件、集成电路企业类型代码表”的“代码”列中选择相应代码填报。

表1-14 **软件、集成电路企业类型代码表**

代码	类型	
	大类	中类
110	100集成电路生产企业	线宽小于0.8微米（含）的企业（延续到期）
120		线宽小于0.25微米（含）的企业（延续到期）
130		投资额超过80亿元的企业（延续到期）
131		投资额超过150亿元的企业（延续到期）
140		线宽小于130纳米（含）的企业
151		线宽小于65纳米（含）的企业
160		线宽小于28纳米（含）的企业
240	200集成电路设计企业	集成电路设计企业
250		重点集成电路设计企业
330	300软件企业	软件企业
340		重点软件企业
400	集成电路封装、测试（含封装测试）企业	
500	集成电路材料（含关键专用材料）企业	
600	集成电路装备（含专用设备）企业	

“209集成电路生产项目类型”项目中，纳税人投资集成电路线宽小于130纳米（含）、线宽小于65纳米（含）或投资额超过150亿元、线宽小于28纳米（含）的集成电路生产项目，项目符合有关文件规定的税收优惠政策条件，且按照项目享受企业所得税优惠政策的，应填报本项。纳税人投资线宽小于130纳米（含）集成电路生产项目的，选择“130纳米”；投资线宽小于65纳米（含）或投资额超过150亿元集成电路生产项目的，选择“65纳米”；投资线宽小于28纳米（含）的集成电路生产项目的，选择“28纳米”；同时投资上述两类以上项目的，可同时选择。

1.4.6.2 软件、集成电路企业优惠情况及明细表

享受软件、集成电路企业优惠政策的纳税人均需按照企业整体情况填报表1-15《A107042软件、集成电路企业优惠情况及明细表》，其中企业所得税汇算清缴时填报了表1-16《A107020所得减免优惠明细表》“七、线宽小于130纳米（含）的集成电路生产项目”“八、线宽小于65纳米（含）或投资额超过150亿元的集成电路生产项目”“九、线宽小于28纳米（含）的集成电路生产项目”减免项目的纳税人，应当填报除表1-15除第16行“减免税额”以外的其他相应项目。

表1-15 **A107042软件、集成电路企业优惠情况及明细表**

税收优惠基本信息			
选择适用优惠政策	□延续适用原有优惠政策　□适用新出台优惠政策		
减免方式1		获利年度\开始计算优惠期年度1	
减免方式2		获利年度\开始计算优惠期年度2	

税收优惠有关情况			
行次	项　目		数量\金额
1	人员指标	一、企业本年月平均职工总人数	
2		其中：签订劳动合同且具有大学专\本科以上学历的职工人数	
3		研究开发人员人数	
4	研发费用指标	二、研发费用总额	
5		其中：企业在中国境内发生的研发费用金额	
6	收入指标	三、企业收入总额	
7		四、符合条件的销售（营业）收入	
8		其中：自主设计、自主开发销售及服务收入	
9	知识产权指标	五、拥有核心关键技术和属于本企业的知识产权总数	
10		其中：发明专利	
11		集成电路布图设计登记	
12		计算机软件著作权	
13	业务类型及领域	是否从事8英寸及以下集成电路生产	□是　□否
14		是否按照开发、销售嵌入式软件企业条件享受政策	□是　□否
15		重点集成电路设计领域和重点软件领域	请选择所属领域
16	减免税额		

表1-16

A107020所得减免优惠明细表

行次	减免项目	项目名称	优惠事项名称	优惠方式	项目收入	项目成本	相关税费	应分摊期间费用	纳税调整额	项目所得额		减免所得额
										免税项目	减半项目	
		1	2	3	4	5	6	7	8	9	10	11（9+10×50%）
1	一、农、林、牧、渔业项目											
2												
3		小计	*	*								
4	二、国家重点扶持的公共基础设施项目											
5												
6		小计	*	*								
7	三、符合条件的环境保护、节能节水项目											
8												
9		小计	*	*								
10	四、符合条件的技术转让项目		*	*						*	*	*
11			*	*						*	*	*
12		小计		*								
13	五、清洁发展机制项目		*									
14			*									
15		小计	*	*								

续表

行次	减免项目	项目名称	优惠事项名称	优惠方式	项目收入	项目成本	相关税费	应分摊期间费用	纳税调整额	项目所得额		减免所得额
										免税项目	减半项目	
		1	2	3	4	5	6	7	8	9	10	11（9+10×50%）
16	六、符合条件的节能服务公司实施的合同能源管理项目		*									
17			*									
18		小计	*	*								
19	七、线宽小于130纳米（含）的集成电路生产项目											
20												
21		小计	*	*								
22	八、线宽小于65纳米（含）或投资额超过150亿元的集成电路生产项目											
23												
24		小计	*	*								
25	九、线宽小于28纳米（含）的集成电路生产项目		*									
26			*									
27		小计	*	*								
28	十、其他											
29												
30		小计	*	*								
31	合计	*	*	*								

风险提示

纳税人填报表1-15要注意以下几个方面：

（1）选择适用优惠政策需准确。企业以前年度符合软件、集成电路税收优惠政策条件且已开始享受优惠政策的，可选择延续适用原有优惠政策；符合最新软件、集成电路税收优惠政策条件的，可选择适用新出台的优惠政策。企业根据实际情况在表1-15“选择适用优惠政策”中勾选“延续适用原有优惠政策”或“适用新出台优惠政策”；集成电路生产企业只享受集成电路项目所得优惠政策，无须勾选。

（2）减免方式填报需准确。纳税人根据表1-8“208软件、集成电路企业类型”填报的企业类型和实际经营情况，从表1-17“软件、集成电路企业优惠方式代码表”的“代码”列中选择相应代码，填入表1-15“减免方式”。除集成电路生产企业纳税人存在按项目享受优惠的情况外，纳税人仅可从中选择一项填列；若集成电路生产企业纳税人存在多个项目的，应将所有享受优惠的项目减免方式等情况填入表1-15，可根据实际情况填报“减免方式1”“减免方式2”……并同时填报对应的“获利年度\开始计算优惠期年度1”“获利年度\开始计算优惠期年度2”，项目数量可以增加。

表1-17 软件、集成电路企业优惠方式代码表

代码	减免方式类型	原政策	新政策	软件、集成电路企业类型	
110	企业二免三减半（免税）		√	140	集成电路生产企业（线宽小于130纳米（含）的企业）
			√	240	集成电路设计企业
			√	330	软件企业
			√	400	集成电路封装、测试（含封装测试）企业
			√	500	集成电路材料（含关键专用材料）企业
			√	600	集成电路装备（含专用设备）企业
120	企业二免三减半（减半征收）	√		110	集成电路生产企业（线宽小于0.8微米（含）的企业）
		√	√	140	集成电路生产企业（线宽小于130纳米（含）的企业）
		√	√	240	集成电路设计企业
		√	√	330	软件企业
		√	√	400	集成电路封装、测试（含封装测试）企业
		√	√	500	集成电路材料（含关键专用材料）企业
		√	√	600	集成电路装备（含专用设备）企业

续表

代码	减免方式类型	原政策	新政策	软件、集成电路企业类型	
210	企业五免五减半（免税）	√		120	集成电路生产企业（线宽小于0.25微米（含）的企业）
		√		130	集成电路生产企业（投资额超过80亿元的企业）
		√		131	集成电路生产企业（投资额超过150亿元的企业）
		√	√	151	集成电路生产企业（线宽小于65纳米（含）的企业）
220	企业五免五减半（减半征收）	√		120	集成电路生产企业（线宽小于0.25微米（含）的企业）
		√		130	集成电路生产企业（投资额超过80亿元的企业）
		√		131	集成电路生产企业（投资额超过150亿元的企业）
		√	√	151	集成电路生产企业（线宽小于65纳米（含）的企业）
300	企业减按10%的税率征收企业所得税		√	250	重点集成电路设计企业
			√	340	重点软件企业
510	项目所得二免三减半（免税）		√	140	集成电路生产企业（线宽小于130纳米（含）的企业）
520	项目所得二免三减半（减半征收）	√	√	140	集成电路生产企业（线宽小于130纳米（含）的企业）
610	项目所得五免五减半（免税）	√		131	集成电路生产企业（投资额超过150亿元的企业）
		√	√	151	集成电路生产企业（线宽小于65纳米（含）的企业）
620	项目所得五免五减半（减半征收）	√		131	集成电路生产企业（投资额超过150亿元的企业）
		√	√	151	集成电路生产企业（线宽小于65纳米（含）的企业）
700	项目所得十免（免税）		√	160	集成电路生产企业（线宽小于28纳米（含）的企业）
800	企业五免（免税）		√	250	重点集成电路设计企业
			√	340	重点软件企业
900	企业十免（免税）		√	160	集成电路生产企业（线宽小于28纳米（含）的企业）

（3）“获利年度\开始计算优惠期年度”填报需准确。适用选择“二免三减半”“五免五减半”“五免”“十免”等定期减免类型的纳税人填报“获利年度\开始计算优惠期年度”。其中，“开始计算优惠期年度”按照财税〔2012〕27号、财税〔2015〕6号、财税〔2018〕27号、《财政部 税务总局 发展改革委 工业和信息化部关于促进集成电路和软件产业高质量发展企业所得税政策的公告》（财政部 税务总局 发展改革委 工业和信息化部公告2020年第45号）等文件的相关规定确定。

（4）已享受软件、集成电路企业所得税优惠政策的纳税人填报人员指标、研发费用指标、收入指标、知识产权指标、业务类型及领域时需注意符合相关政策条件。

（5）表1-15第16行“减免税额”与表1-18《A107042减免所得税优惠明细表》的行次对应关系需准确，见表1-19《A107042表第16行与A107040表行次对应关系表》。

表1-18 A107042减免所得税优惠明细表

行次	项　　目	金 额
1	一、符合条件的小型微利企业减免企业所得税	
2	二、国家需要重点扶持的高新技术企业减按15%的税率征收企业所得税（填写A107041）	
3	三、经济特区和上海浦东新区新设立的高新技术企业在区内取得的所得定期减免企业所得税（填写A107041）	
4	四、受灾地区农村信用社免征企业所得税	*
5	五、动漫企业自主开发、生产动漫产品定期减免企业所得税	
6	六、线宽小于0.8微米（含）的集成电路生产企业减免企业所得税（填写A107042）	
7	七、线宽小于0.25微米（含）的集成电路生产企业减按15%的税率征收企业所得税（填写A107042）	*
8	八、投资额超过80亿元的集成电路生产企业减按15%的税率征收企业所得税（填写A107042）	*
9	九、线宽小于0.25微米（含）的集成电路生产企业减免企业所得税（填写A107042）	
10	十、投资额超过80亿元的集成电路生产企业减免企业所得税（填写A107042）	
11	十一、新办集成电路设计企业减免企业所得税（填写A107042）	

续表

行次	项　目	金 额
12	十二、国家规划布局内的集成电路设计企业可减按10%的税率征收企业所得税（填写A107042）	*
13	十三、符合条件的软件企业减免企业所得税（填写A107042）	
14	十四、国家规划布局内的重点软件企业可减按10%的税率征收企业所得税（填写A107042）	*
15	十五、符合条件的集成电路封装测试企业定期减免企业所得税（填写A107042）	
16	十六、符合条件的集成电路关键专用材料生产企业、集成电路专用设备生产企业定期减免企业所得税（填写A107042）	
17	十七、经营性文化事业单位转制为企业的免征企业所得税	
18	十八、符合条件的生产和装配伤残人员专门用品企业免征企业所得税	
19	十九、技术先进型服务企业（服务外包类）减按15%的税率征收企业所得税	
20	二十、技术先进型服务企业（服务贸易类）减按15%的税率征收企业所得税	
21	二十一、设在西部地区的鼓励类产业企业减按15%的税率征收企业所得税（主营业务收入占比____%）	
22	二十二、新疆困难地区新办企业定期减免企业所得税	
23	二十三、新疆喀什、霍尔果斯特殊经济开发区新办企业定期免征企业所得税	
24	二十四、广东横琴、福建平潭、深圳前海等地区的鼓励类产业企业减按15%的税率征收企业所得税	
25	二十五、北京冬奥会组委会、北京冬奥会测试赛赛事组委会免征企业所得税	
26	二十六、线宽小于130纳米（含）的集成电路生产企业减免企业所得税（原政策，填写A107042）	
27	二十七、线宽小于65纳米（含）或投资额超过150亿元的集成电路生产企业减免企业所得税（原政策，填写A107042）	
28	二十八、其他（28.1+28.2+28.3+28.4+28.5+28.6）	
28.1	（一）从事污染防治的第三方企业减按15%的税率征收企业所得税	
28.2	（二）上海自贸试验区临港新片区的重点产业企业减按15%的税率征收企业所得税	

续表

行次	项　　目	金 额
28.3	（三）海南自由贸易港鼓励类企业减按15%的税率征收企业所得税	
28.4	（四）国家鼓励的集成电路和软件企业减免企业所得税政策（28.4.1+…+28.4.10）	
28.4.1	1.线宽小于28纳米（含）的集成电路生产企业减免企业所得税（填写A107042）	
28.4.2	2.线宽小于65纳米（含）的集成电路生产企业减免企业所得税（填写A107042）	
28.4.3	3.线宽小于130纳米（含）的集成电路生产企业减免企业所得税（填写A107042）	
28.4.4	4.集成电路设计企业减免企业所得税（填写A107042）	
28.4.5	5.重点集成电路设计企业减免企业所得税（填写A107042）	
28.4.6	6.集成电路装备企业减免企业所得税（填写A107042）	
28.4.7	7.集成电路材料企业减免企业所得税（填写A107042）	
28.4.8	8.集成电路封装、测试企业减免企业所得税（填写A107042）	
28.4.9	9.软件企业减免企业所得税（填写A107042）	
28.4.10	10.重点软件企业减免企业所得税（填写A107042）	
28.5	（五）其他1	
28.6	（六）其他2	
29	二十九、减：项目所得额按法定税率减半征收企业所得税叠加享受减免税优惠	
30	三十、支持和促进重点群体创业就业企业限额减征企业所得税（30.1+30.2）	
30.1	（一）企业招用建档立卡贫困人口就业扣减企业所得税	
30.2	（二）企业招用登记失业半年以上人员就业扣减企业所得税	
31	三十一、扶持自主就业退役士兵创业就业企业限额减征企业所得税	
32	三十二、符合条件的公司型创投企业按照企业年末个人股东持股比例减免企业所得税（个人股东持股比例____%）	
33	合计（1+2+…+28-29+30+31+32）	

表1-19　　A107042表第16行与A107040表行次对应关系表

软件、集成电路企业类型	选择适用优惠政策	优惠方式代码	减免方式类型	A107040对应行次
110集成电路生产企业（线宽小于0.8微米（含）的企业）	原政策	120	企业二免三减半（减半征收）	6
120集成电路生产企业（线宽小于0.25微米（含）的企业）	原政策	210	企业五免五减半（免税）	9
	原政策	220	企业五免五减半（减半征收）	9
130集成电路生产企业（投资额超过80亿元的企业）	原政策	210	企业五免五减半（免税）	10
	原政策	220	企业五免五减半（减半征收）	10
131集成电路生产企业（投资额超过150亿元的企业）	原政策	210	企业五免五减半（免税）	27
	原政策	220	企业五免五减半（减半征收）	27
140集成电路生产企业（线宽小于130纳米（含）的企业）	原政策	120	企业二免三减半（减半征收）	26
	新政策	110	企业二免三减半（免税）	28.4.3
	新政策	120	企业二免三减半（减半征收）	28.4.3
151集成电路生产企业（线宽小于65纳米（含）的企业）	原政策	210	企业五免五减半（免税）	27
	原政策	220	企业五免五减半（减半征收）	27
	新政策	210	企业五免五减半（免税）	28.4.2
	新政策	220	企业五免五减半（减半征收）	28.4.2
160集成电路生产企业（线宽小于28纳米（含）的企业）	新政策	900	企业十免（免税）	28.4.1
240集成电路设计企业（集成电路设计企业）	原政策	120	企业二免三减半（减半征收）	11
	新政策	110	企业二免三减半（免税）	28.4.4
	新政策	120	企业二免三减半（减半征收）	28.4.4
250集成电路设计企业（重点集成电路设计企业）	新政策	300	企业减按10%的税率征收企业所得税	28.4.5
	新政策	800	企业五免（免税）	28.4.5
330软件企业（软件企业）	原政策	120	企业二免三减半（减半征收）	13
	新政策	110	企业二免三减半（免税）	28.4.9
	新政策	120	企业二免三减半（减半征收）	28.4.9

续表

软件、集成电路企业类型	选择适用优惠政策	优惠方式代码	减免方式类型	A107040对应行次
340软件企业（重点软件企业）	新政策	300	企业减按10%的税率征收企业所得税	28.4.10
	新政策	800	企业五免（免税）	28.4.10
400集成电路封装、测试（含封装测试）企业	原政策	120	企业二免三减半（减半征收）	15
	新政策	110	企业二免三减半（免税）	28.4.8
	新政策	120	企业二免三减半（减半征收）	28.4.8
500集成电路材料（含关键专用材料）企业	原政策	120	企业二免三减半（减半征收）	16
	新政策	110	企业二免三减半（免税）	28.4.7
	新政策	120	企业二免三减半（减半征收）	28.4.7
600集成电路装备（含专用设备）企业	原政策	120	企业二免三减半（减半征收）	16
	新政策	110	企业二免三减半（免税）	28.4.6
	新政策	120	企业二免三减半（减半征收）	28.4.6

1.5 动漫企业

动漫企业及自主开发、生产动漫产品的认定标准和认定程序，按照《文化部 财政部 国家税务总局关于印发〈动漫企业认定管理办法（试行）〉的通知》（文市发〔2008〕51号，本节以下简称《办法》）的规定，自2009年1月1日起执行，沿用至今。

动漫企业相关的税收优惠政策主要包括：销售自主开发生产动漫软件增值税超税负即征即退，动漫软件出口免征增值税，符合条件的动漫设计等服务可选择适用简易计税方法计算缴纳增值税，符合条件的动漫企业可申请享受国家现行鼓励软件产业发展的企业所得税优惠政策等，详见2.4.4章节解析。

1.5.1 认定条件

1.5.1.1 动漫企业范围

文市发〔2008〕51号《办法》所称动漫企业包括：

（1）漫画创作企业；

（2）动画创作、制作企业；

（3）网络动漫（含手机动漫）创作、制作企业；

（4）动漫舞台剧（节）目制作、演出企业；

（5）动漫软件开发企业；

（6）动漫衍生产品研发、设计企业。

1.5.1.2 动漫产品范围

文市发〔2008〕51号《办法》所称动漫产品包括：

（1）漫画：单幅和多格漫画、插画、漫画图书、动画抓帧图书、漫画报刊、漫画原画等；

（2）动画：动画电影、动画电视剧、动画短片、动画音像制品，影视特效中的动画片段，科教、军事、气象、医疗等影视节目中的动画片段等；

（3）网络动漫（含手机动漫）：以计算机互联网和移动通信网等信息网络为主要传播平台，以电脑、手机及各种手持电子设备为接受终端的动画、漫画作品，包括FLASH动画、网络表情、手机动漫等；

（4）动漫舞台剧（节）目：改编自动漫平面与影视等形式作品的舞台演出剧（节）目、采用动漫造型或含有动漫形象的舞台演出剧（节）目等；

（5）动漫软件：漫画平面设计软件、动画制作专用软件、动画后期音视频制作工具软件等；

（6）动漫衍生产品：与动漫形象有关的服装、玩具、文具、电子游戏等。

1.5.1.3 动漫企业条件

申请认定为动漫企业的应同时符合以下标准：

（1）在我国境内依法设立的企业；

（2）动漫企业经营动漫产品的主营收入占企业当年总收入的60%以上；

（3）自主开发生产的动漫产品收入占主营收入的50%以上；

（4）具有大学专科以上学历的或通过国家动漫人才专业认证的、从事动漫产品开发或技术服务的专业人员占企业当年职工总数的30%以上，其中研发人员占企业当年职工总数的10%以上；

（5）具有从事动漫产品开发或相应服务等业务所需的技术装备和工作场所；

（6）动漫产品的研究开发经费占企业当年营业收入8%以上；

（7）动漫产品内容积极健康，无法律法规禁止的内容；

（8）企业产权明晰，管理规范，守法经营。

1.5.1.4 动漫产品条件

自主开发、生产的动漫产品，是指动漫企业自主创作、研发、设计、生产、制作、表演的符合1.5.1.2规定的动漫产品（不含动漫衍生产品）；仅对国外动漫创意进行简单外包、简单模仿或简单离岸制造，既无自主知识产权，也无核心竞争力的除外。

1.5.1.5 重点动漫产品条件

申请认定为重点动漫产品的应符合以下标准之一：

（1）漫画产品销售年收入在100万元（报刊300万元）人民币以上或年销售10万册（报纸1 000万份、期刊100万册）以上的，动画产品销售年收入在1 000万元人民币以上的，网络动漫（含手机动漫）产品销售年收入在100万元人民币以上的，动漫舞台剧（节）目演出年收入在100万元人民币以上或年演出场次50场以上的；

（2）动漫产品版权出口年收入100万元人民币以上的；

（3）获得国际、国家级专业奖项的；

（4）经省级认定机构、全国性动漫行业协会、国家动漫产业基地等推荐的在思想内涵、艺术风格、技术应用、市场营销、社会影响等方面具有示范意义的动漫产品。

1.5.1.6 重点动漫企业条件

符合1.5.1.3标准的动漫企业申请认定为重点动漫企业的，应在申报前开发生产出1部以上重点动漫产品，并符合以下标准之一：

（1）注册资本1 000万元人民币以上的；

（2）动漫企业年营业收入500万元人民币以上，且连续2年不亏损的；

（3）动漫企业的动漫产品版权出口和对外贸易年收入200万元人民币以上，且自主知识产权动漫产品出口收入占总收入30%以上的；

（4）经省级认定机构、全国性动漫行业协会、国家动漫产业基地等推荐的在资金、人员规模、艺术创意、技术应用、市场营销、品牌价值、社会影响等方面具有示范意义的动漫企业。

风险提示

了解动漫企业和动漫产品范围，区分动漫企业、动漫产品、重点动漫企业、重点动漫产品的适用标准及区别。

1.5.2 认定程序

1.5.2.1 动漫企业认定程序

（1）企业自我评价及申请

企业认为符合认定标准的，可向省级认定机构提出认定申请。

（2）提交下列申请材料

①动漫企业认定申请书；

②企业营业执照副本复印件、税务登记证复印件；

③法定代表人或者主要负责人的身份证明材料；

④企业职工人数、学历结构以及研发人员占企业职工的比例说明；

⑤营业场所产权证明或者租赁意向书（含出租方的产权证明）；

⑥开发、生产、创作、经营的动漫产品列表、销售合同及销售合同约定的款项银行入账证明；

⑦自主开发、生产和拥有自主知识产权的动漫产品的情况说明及有关证明材料（包括版权登记证书或专利证书等知识产权证书的复印件）；

⑧由有关行政机关颁发的从事相关业务所涉及的行政许可证件复印件；

⑨经具有资质的中介机构鉴证的企业财务年度报表（含资产负债表、利润表、现金流量表）等企业经营情况，以及企业年度研究开发费用情况表，并附研究开发活动说明材料；

⑩认定机构要求出具的其他材料。

（3）材料审查、认定与公布

省级认定机构根据《办法》，对申请材料进行初审，提出初审意见，将通过初审的动漫企业申请材料报送全国动漫企业认定管理工作办公室（以下称“办公室”）。

文化部[①]会同财政部、国家税务总局依据1.5.1.3规定标准进行审核，审核合格的，由文化部、财政部、国家税务总局联合公布通过认定的动漫企业名单。

省级认定机构根据通过认定的动漫企业名单，向企业颁发动漫企业证书并附其本年度动漫产品列表；并根据1.5.1.2和1.5.1.4的规定，在动漫产品列表中，对动漫产品属性分类以及是否属于自主开发生产的动漫产品等情况予以标注。

动漫企业设有分支机构的，在企业法人注册地进行申报。

① 现为“文化和旅游部”，下同。

1.5.2.2 重点动漫产品认定程序

已取得动漫企业证书的动漫企业生产的动漫产品符合规定标准的，可向办公室提出申请认定为重点动漫产品，并提交下列材料：

（1）重点动漫产品认定申请书。

（2）企业营业执照副本复印件，税务登记证复印件，动漫企业证书复印件。

（3）符合1.5.1.5重点动漫产品规定标准的相关证明材料：经具有资质的中介机构鉴证的企业财务年度报表（含资产负债表、利润表、现金流量表）等企业经营情况，并附每项产品销售收入的情况说明；获奖证明复印件或版权出口贸易合同复印件等版权出口收入证明；有关机构的推荐证明。

（4）认定机构要求出具的其他材料。

办公室收到申报材料后，参照“1.5.2.1（3）材料审查、认定与公布”规定的程序予以审核。符合标准的，由办公室颁发重点动漫产品文书。

1.5.2.3 重点动漫企业认定程序

已取得动漫企业证书的动漫企业符合1.5.1.6规定标准的，可向办公室提出申请认定为重点动漫企业，并提交下列材料：

（1）重点动漫企业认定申请书。

（2）企业营业执照副本复印件，税务登记证复印件，动漫企业证书复印件，重点动漫产品文书复印件。

（3）符合1.5.1.6规定标准的相关证明材料：经具有资质的中介机构鉴证的企业近两个会计年度财务报表（含资产负债表、利润表、现金流量表）等企业经营情况或版权出口贸易合同复印件等版权出口收入证明；有关机构的推荐证明。

（4）认定机构要求出具的其他材料。

办公室收到申报材料后，参照“1.5.2.1（3）材料审查、认定与公布”规定的程序予以审核。符合标准的，由文化部会同财政部、国家税务总局联合公布通过认定的重点动漫企业名单，并由办公室颁发“重点动漫企业证书”。

风险提示

动漫企业和动漫产品的认定程序并不复杂，企业提交材料后，有关部门审查、认定并公布。因此企业应重点关注材料要求，对照认定条件提供规定的具有证明力的佐证资料。

1.5.3 管理事项

1.5.3.1 年审制度

各级认定机构应按规定的标准对已认定并发证的动漫企业、重点动漫企业进行年审。对年度认定合格的企业在证书和年度自主开发生产的动漫产品列表上加盖年审专用章。不提出年审申请或年度认定不合格的企业，其动漫企业、重点动漫企业资格到期自动失效。

省级认定机构应将对动漫企业的年审情况、年度认定合格及不合格企业名单报办公室备案，并由办公室对外公布。

重点动漫企业通过办公室年审后，不再由省级认定机构进行年审。

动漫企业对年审结果有异议的，可在公布后20个工作日内，向办公室提出复核申请。

提请复核的企业应当提交复核申请书及有关证明材料。办公室收到复核申请后，对复核申请调查核实，由文化部、财政部、国家税务总局作出复核决定，通知省级认定机构并公布。

1.5.3.2 变更事项

经认定的动漫企业经营活动发生变化（如更名、调整、分立、合并、重组等）的，应在15个工作日内，向原发证单位办理变更手续，变化后不符合规定标准的，省级认定机构应报办公室审核同意后，撤销其动漫企业证书，终止其资格。不符合规定标准的重点动漫企业，由办公室直接撤销其重点动漫企业证书，终止其资格。

动漫企业更名的，原认定机构为其办理变更手续后，重新核发证书，编号不变。

1.5.3.3 罚则

申请认定和已认定的动漫企业有下述情况之一的，一经查实，认定机构停止受理其认定申请，或撤销其证（文）书，终止其资格并予以公布：

（1）在申请认定过程中提供虚假信息的；

（2）有偷税、骗税、抗税等税收违法行为的；

（3）从事制作、生产、销售、传播存在违法内容或盗版侵权动漫产品的，或者使用未经授权许可的动漫产品的；

（4）有其他违法经营行为，受到有关部门处罚的。

被撤销证书的企业，认定机构在3年内不再受理该企业的认定申请。

对被撤销证书和年度认定不合格的动漫企业，同时停止其享受规定的各项财税优惠政策。

风险提示

（1）谨记年审制度。不提出年审申请或年度认定不合格的企业，其动漫企业、重点动漫企业资格到期自动失效。

（2）勿触犯罚则，特别关注“有其他违法经营行为，受到有关部门处罚的”这一条款。一旦触犯被撤销证书，认定机构在3年内不再受理该企业的认定申请，处罚比当前的高新技术企业管理规则更为严厉。

本章相关政策附录

1.1 高新技术企业

1.《科技部 财政部 国家税务总局关于修订印发〈高新技术企业认定管理办法〉的通知》（国科发火〔2016〕32号）

2.《科技局 财政部 国家税务总局关于修订印发〈高新技术企业认定管理工作指引〉的通知》（国科发火〔2016〕195号）

3.《国家税务总局关于实施高新技术企业所得税优惠政策有关问题的公告》（国家税务总局2017年第24号）

4.《财政部 税务总局关于延长高新技术企业和科技型中小企业亏损结转年限的通知》（财税〔2018〕76号）

1.2 科技型中小企业

1.《科技部 财政部 国家税务总局关于印发〈科技型中小企业评价办法〉的通知》（国科发政〔2017〕115号）

2.《科技部 国家税务总局关于做好科技型中小企业评价工作有关事项的通知》（国科发火〔2018〕11号）

3.《科技部火炬中心关于印发〈科技型中小企业评价服务工作指引〉的通知》（国科火字〔2022〕67号）

1.3 技术先进型服务企业

1.《财政部 税务总局 商务部 科技部 国家发展改革委关于将技术先进型服务企业所得税政策推广至全国实施的通知》（财税〔2017〕79号）

2.《财政部 税务总局 商务部 科技部 国家发展改革委关于将服务贸易创新发展试点地区技术先进型服务企业所得税政策推广至全国实施的通知》（财税〔2018〕44号）

1.4 软件和集成电路企业

1.《国家发展改革委等五部门关于做好享受税收优惠政策的集成电路企业或项

目、软件企业清单制定工作有关要求的通知》(发改高技〔2021〕413号)

2.《中华人民共和国工业和信息化部 国家发展改革委 财政部 国家税务总局公告2021年第9号》

3.《中华人民共和国工业和信息化部 国家发展改革委 财政部 国家税务总局公告2021年第10号》

4.《国家发展改革委 工业和信息化部 财政部 海关总署 税务总局关于做好2022年享受税收优惠政策的集成电路企业或项目、软件企业清单制定工作有关要求的通知》(发改高技〔2022〕390号)

1.5 动漫企业

1.《文化部 财政部 国家税务总局关于印发〈动漫企业认定管理办法(试行)〉的通知》(文市发〔2008〕51号)

2.《文化部 财政部 国家税务总局关于实施〈动漫企业认定管理办法(试行)〉有关问题的通知》(文产发〔2009〕18号)

2 重点税收优惠风险管理

2.1 小微企业税费优惠政策

为贯彻落实党中央、国务院决策部署，支持中小微企业发展，促进经济平稳运行，近年来财政部、税务总局等部门先后出台了多个财税文件，包括增值税、企业所得税、地方“六税两费”等多个税费种。不同文件对“小微企业”范围条件的界定略有不同，比如企业所得税称“小型微利企业”，增值税称“小微企业”，企业应注意区分。

2.1.1 小型微利企业所得税优惠政策

2.1.1.1 基本规定

自2019年1月1日至2021年12月31日，对小型微利企业年应纳税所得额超过100万元但不超过300万元的部分，减按50%计入应纳税所得额，按20%的税率缴纳企业所得税。自2022年1月1日至2024年12月31日，对小型微利企业年应纳税所得额超过100万元但不超过300万元的部分，减按25%计入应纳税所得额，按20%的税率缴纳企业所得税。自2019年1月1日至2020年12月31日，对小型微利企业年应纳税所得额不超过100万元的部分，减按25%计入应纳税所得额，按20%的税率缴纳企业所得税；自2021年1月1日起至2022年12月31日，对小型微利企业年应纳税所得额不超过100万元的部分，减按12.5%计入应纳税所得额，按20%的税率缴纳企业所得税。

例2-1 某企业A经过判断符合小型微利企业条件，2020年度应纳税所得额为300万元，则2020年度应纳所得税额=100×25%×20%+（300-100）×50%×20%=25（万元），减免税额=300×25%-25=50（万元）。2021年度应纳税所得额为300万元，则2021年度应纳所得税额=100×12.5%×20%+（300-100）×50%×20%=22.5（万元），减免税额=300×25%-22.5=52.5（万元）。2022年度应纳税所得额为300万元，则2022年度应纳所得税额=100×12.5%×20%+（300-100）×25%×20%=12.5（万元），减免税额=300×25%-12.5=62.5（万元）。由此可见，小型微利企业所得税优惠政策减税效果显著，且近三年优惠力度逐步加大。

风险提示

（1）自2019年起，小型微利企业所得税优惠计算引入超额累进计税方式，对年应税所得不超过100万元和100万元到300万元的部分，优惠方式有所不同，纳税人应特别关注并正确计算。

（2）小型微利企业所得税优惠政策是减税降费系列政策中的重点政策，对于支持市场主体减轻负担、增强活力发挥了重要作用。近年来，小型微利企业所得税优惠政策经历了若干次变化发展，适用范围渐次拓展，优惠力度逐步加大，纳税人应了解政策变化并精准适用。

2.1.1.2 适用范围

小型微利企业是指从事国家非限制和禁止行业，且同时符合年度应纳税所得额不超过300万元、从业人数不超过300人、资产总额不超过5 000万元等三个条件的企业。

从业人数，包括与企业建立劳动关系的职工人数和企业接受的劳务派遣用工人数。

从业人数和资产总额指标，应按企业全年的季度平均值确定。具体计算公式如下：

季度平均值=（季初值＋季末值）÷2

全年季度平均值=全年各季度平均值之和÷4

年度中间开业或者终止经营活动的，以其实际经营期作为一个纳税年度确定上述相关指标。

风险提示

（1）应纳税所得额超过300万元的企业，不符合小型微利企业所得税优惠政策条件，不得享受小型微利企业所得税优惠政策。比如，A企业2020年度应纳税所得额为301万元，不符合小型微利企业所得税优惠政策条件，假设不享受其他企业所得税优惠政策，则A企业2020年度应纳税额=301×25%=75.25（万元）。

（2）从2014年度开始，小型微利企业无论按查账征收方式还是按核定征收方式缴纳企业所得税，均可享受小型微利企业所得税优惠政策。

（3）汇总纳税企业的从业人数、资产总额，应包括企业的分支机构。由于分支机构不具有法人资格，其经营情况应并入企业总机构，由企业总机构汇总计算应纳税款，并享受相关优惠政策。

（4）非居民企业不可以享受小型微利企业所得税优惠政策。根据《国家税务总局关于非居民企业不享受小型微利企业所得税优惠政策问题的通知》（国税函〔2008〕650号）规定：企业所得税法第二十八条规定的小型微利企业是指企业的全部生产经营活动产生的所得均负有我国企业所得税纳税义务的企业。仅就来源于我国所得负有我国纳税义务的非居民企业，不适用小型微利企业所得税优惠政策。

（5）视同独立纳税人缴税的二级分支机构不可以享受小型微利企业所得税减免政策。现行企业所得税实行法人税制，企业应以法人为主体，计算并缴纳企业所得税。《企业所得税法》第五十条第二款规定："居民企业在中国境内设立不具有法人资格的营业机构的，应当汇总计算并缴纳企业所得税。"由于分支机构不具有法人资格，其经营情况应并入企业总机构，由企业总机构汇总计算应纳税款，并享受相关优惠政策。

（6）劳务派遣用工计入接受劳务派遣企业的从业人数。为避免再重复计算，劳务派遣单位的从业人数，不包含已派出人员。

（7）判断小型微利企业的应纳税所得额范围包括查补所得。根据《国家税务总局关于查增应纳税所得额弥补以前年度亏损处理问题的公告》（国家税务总局公告2010年第20号）规定："根据《中华人民共和国企业所得税法》第五条的规定，税务机关对企业以前年度纳税情况进行检查时调增的应纳税所得额，凡企业以前年度发生亏损且该亏损属于企业所得税法规定允许弥补的，应允许调增的应纳税所得额弥补该亏损。弥补该亏损后仍有余额的，按照企业所得税法规定计算缴纳企业所得税。对检查调增的应纳税所得额应根据其情节，依照《中华人民共和国税收征收管理法》有关规定进行处理或处罚。"因此，税务机关对企业以前年度纳税情况进行检查时调增的应纳税所得额，若导致企业查补年度超过了小型微利企业标准，则不再享受小型微利企业所得税优惠，需补缴相关税款。

（8）从2019年度开始，在预缴企业所得税时，企业可直接按当年度截至本期末的资产总额、从业人数、应纳税所得额等情况判断其是否为小型微利企业。与此前需要结合企业上一个纳税年度是否为小型微利企业的情况进行判断相比，方法更简单、确定性更强。具体判断方法为：资产总额、从业人数指标比照"全年季度平均值"的计算公式，计算截至本期末的季度平均值；年应纳税所得额指标按截至本期末不超过300万元的标准判断。

例2-2 A企业于2017年成立，从事国家非限制和禁止行业，2022年各季度的资产总额、从业人数以及累计应纳税所得额情况见表2-1。

表2-1 A企业2022年经营情况表

季度	从业人数		资产总额（万元）		应纳税所得额（累计值，万元）
	期初	期末	期初	期末	
第1季度	120	200	2 000	4 000	150
第2季度	400	500	4 000	6 600	200
第3季度	350	200	6 600	7 000	280
第4季度	220	210	7 000	2 500	350

A企业在预缴2022年度企业所得税时，判断其是否符合小型微利企业条件的具体过程见表2-2。

表2-2 A企业小型微利企业条件判断过程表

指标		第1季度	第2季度	第3季度	第4季度
从业人数	季初	120	400	350	220
	季末	200	500	200	210
	季度平均值	(120+200)÷2=160	(400+500)÷2=450	(350+200)÷2=275	(220+210)÷2=215
	截至本期末季度平均值	160	(160+450)÷2=305	(160+450+275)÷3=295	(160+450+275+215)÷4=275
资产总额（万元）	季初	2 000	4 000	6 600	7 000
	季末	4 000	6 600	7 000	2 500
	季度平均值	(2 000+4 000)÷2=3 000	(4 000+6 600)÷2=5 300	(6 600+7 000)÷2=6 800	(7 000+2 500)÷2=4 750
	截至本期末季度平均值	3 000	(3 000+5 300)÷2=4 150	(3 000+5 300+6 800)÷3=5 033.33	(3 000+5 300+6 800+4 750)÷4=4 962.5
应纳税所得额（累计值，万元）		150	200	280	350
判断结果		符合	不符合（从业人数超标）	不符合（资产总额超标）	不符合（应纳税所得额超标）

例2-3 B企业2022年5月成立，从事国家非限制和禁止行业，2022年各季度的资产总额、从业人数以及累计应纳税所得额情况见表2-3。

表2-3 B企业2022年经营情况表

季度	从业人数		资产总额（万元）		应纳税所得额（累计值，万元）
	期初	期末	期初	期末	
第2季度	100	200	1 500	3 000	200
第3季度	260	300	3 000	5 000	350
第4季度	280	330	5 000	6 000	280

B企业在预缴2022年度企业所得税时，判断其是否符合小型微利企业条件的具体过程见表2-4。

表2-4 B企业小型微利企业条件判断过程表

指标		第2季度	第3季度	第4季度
从业人数	季初	100	260	280
	季末	200	300	330
	季度平均值	(100+200)÷2=150	(260+300)÷2=280	(280+330)÷2=305
	截至本期末季度平均值	150	(150+280)÷2=215	(150+280+305)÷3=245
资产总额（万元）	季初	1 500	3 000	5 000
	季末	3 000	5 000	6 000
	季度平均值	(1 500+3 000)÷2=2 250	(3 000+5 000)÷2=4 000	(5 000+6 000)÷2=5 500
	截至本期末季度平均值	2 250	(2 250+4 000)÷2 =3 125	(2 250+4 000+5 500)÷3 =3 916.67
应纳税所得额（累计值，万元）		200	350	280
判断结果		符合	不符合（应纳税所得额超标）	符合

2.1.1.3 申报规定

企业所得税年报中，《A100000中华人民共和国企业所得税年度纳税申报表（A类）》为小型微利企业必填表单。《A000000企业所得税年度纳税申报基础信息表》（即表1-8）中的“基本经营情况”为小型微利企业必填项目（见表2-5）；“有关涉税事项情况”为选填项目，存在或者发生相关事项时小型微利企业必须填报；“主要股东及分红情况”为小型微利企业免填项目。

小型微利企业申报企业所得税年报时，免填《一般企业收入明细表》（A101010）、《金融企业收入明细表》（A101020）、《一般企业成本支出明细表》（A102010）、《金融企业支出明细表》（A102020）、《事业单位、民间非营利组织收入、支出明细表》（A103000）、《期间费用明细表》（A104000）。上述表单相关数据应当在《A100000中华人民共和国企业所得税年度纳税申报表（A类）》中直接填写。

除上述规定外，小型微利企业可结合自身经营情况，选择年报表单填报；若未发生表单中规定的事项，则无须填报。

风险提示

（1）纳税人应了解必填项目、免填项目、选填项目。

（2）准确填报《A000000企业所得税年度纳税申报基础信息表》（见表2-5）。实务中常见的错误有以下几类：一是资产总额、从业人数未填写平均值，部分企业可能填写了年末、年初等特定时点值。二是资产总额单位“万元”误当作“元”，从而填写数值大于5 000，导致可享未享。三是资产总额超过5 000万元或从业人数超过300人，却在“109小型微利企业”勾选“是”，即不应享受而享受。四是从业人数的计算口径不正确，未包含劳务派遣用工人数。五是非从事国家限制或禁止行业的企业，将“106从事国家限制或禁止行业”标志误选择“是”。六是部分符合条件的小型微利企业，将“109小型微利企业”标志误选择“否”。

表2-5 A000000企业所得税年度纳税申报基础信息表

<table>
<tr><td colspan="5">基本经营情况（必填项目）</td></tr>
<tr><td>101纳税申报企业类型（填写代码）</td><td></td><td colspan="2">102分支机构就地纳税比例（%）</td><td></td></tr>
<tr><td>103资产总额（填写平均值，单位：万元）</td><td></td><td colspan="2">104从业人数（填写平均值，单位：人）</td><td></td></tr>
<tr><td>105所属国民经济行业（填写代码）</td><td></td><td colspan="2">106从事国家限制或禁止行业</td><td>□是 □否</td></tr>
<tr><td>107适用会计准则或会计制度（填写代码）</td><td></td><td colspan="2">108采用一般企业财务报表格式（2019年版）</td><td>□是 □否</td></tr>
<tr><td>109小型微利企业</td><td>□是 □否</td><td>110上市公司</td><td colspan="2">是（□境内□境外）□否</td></tr>
</table>

（3）跨地区汇总纳税企业上年度认定为小型微利企业的，其二级分支机构当年度不就地分摊缴纳企业所得税。

2.1.2 小微企业增值税优惠政策

2.1.2.1 符合条件的增值税小规模纳税人免征增值税

自2021年4月1日至2022年12月31日，小规模纳税人发生增值税应税销售行为，合计月销售额未超过15万元（以1个季度为1个纳税期的，季度销售额未超过45万元）的，免征增值税。

风险提示

上述政策适用于增值税小规模纳税人（包括企业和非企业单位、个体工商户、其他个人）。

小规模纳税人发生增值税应税销售行为，合计月销售额超过15万元，但扣除本期发生的销售不动产的销售额后未超过15万元的，其销售货物、劳务、服务、无形资产取得的销售额免征增值税。

适用增值税差额征税政策的小规模纳税人，以差额后的销售额确定是否可以享受上述免征增值税政策。《增值税纳税申报表（小规模纳税人适用）》中的“免税销售额”相关栏次，填写差额后的销售额。

按固定期限纳税的小规模纳税人可以选择以1个月或1个季度为纳税期限，一经选择，一个会计年度内不得变更。

《中华人民共和国增值税暂行条例实施细则》第九条所称的其他个人，采取一次性收取租金形式出租不动产取得的租金收入，可在对应的租赁期内平均分摊，分摊后的月租金收入未超过15万元的，免征增值税。

按照现行规定应当预缴增值税税款的小规模纳税人，凡在预缴地实现的月销售额未超过15万元的，当期无须预缴税款。

2.1.2.2 阶段性减免增值税小规模纳税人增值税

自2020年3月1日至2022年3月31日，除湖北省外的其他省、自治区、直辖市的增值税小规模纳税人，适用3%征收率的应税销售收入，减按1%征收率征收增值税，按以下公式计算销售额：销售额=含税销售额÷（1+1%）；适用3%预征率的预缴增值税项目，减按1%预征率预缴增值税。

自2020年3月1日至2021年3月31日，对于湖北省增值税小规模纳税人，适用3%征收率的应税销售收入，免征增值税；适用3%预征率的预缴增值税项目，暂停预缴增值税。自2021年4月1日至2022年3月31日，湖北省增值税小规模纳税人适用3%征收率的应税销售收入，减按1%的征收率征收增值税；适用3%预征率的预缴增值税项目，减按1%的预征率预缴增值税。

自2022年4月1日至2022年12月31日，增值税小规模纳税人适用3%征收率的应税销售收入，免征增值税；适用3%预征率的预缴增值税项目，暂停预缴增值税。

风险提示

增值税小规模纳税人取得应税销售收入，纳税义务发生时间在2020年2月底以前，已按3%征收率开具增值税发票，发生销售折让、中止或者退回等情形需要开具红字发票的，按照3%征收率开具红字发票；开票有误需要重新开具的，应按照3%征收率开具红字发票，再重新开具正确的蓝字发票。

2.1.3 小微企业个人所得税优惠政策

2021年1月1日至2022年12月31日，对个体工商户经营所得年应纳税所得额不超过100万元的部分，在现行优惠政策基础上，再减半征收个人所得税。

风险提示

（1）个体工商户不区分征收方式，均可享受。

（2）个体工商户在预缴税款时即可享受，其年应纳税所得额暂按截至本期申报所属期末的情况进行判断，并在年度汇算清缴时按年计算、多退少补。若个体工商户从两处以上取得经营所得，需在办理年度汇总纳税申报时，合并个体工商户经营所得年应纳税所得额，重新计算减免税额，多退少补。

（3）按照以下方法计算减免税额：

$$\text{减免税额}=\left(\text{个体工商户经营所得应纳税所得额不超过100万元部分的应纳税额}-\text{其他政策减免税额}\times\frac{\text{个体工商户经营所得应纳税所得额不超过100万元部分}}{\text{经营所得应纳税所得额}}\right)\times(1-50\%)$$

（4）个体工商户需将按上述方法计算得出的减免税额填入对应经营所得纳税申报表“减免税额”栏次，并附报《个人所得税减免税事项报告表》。对于通过电子税务局申报的个体工商户，税务机关将提供该优惠政策减免税额和报告表的预填服务。实行简易申报的定期定额个体工商户，税务机关按照减免后的税额进行税款划缴。

2.1.4 小微企业其他税费优惠政策

2.1.4.1 减征地方“六税两费”

自2019年1月1日至2021年12月31日，由省、自治区、直辖市人民政府根据本地区实际情况，以及宏观调控需要确定，对增值税小规模纳税人可以在50%的税额幅度内减征资源税、城市维护建设税、房产税、城镇土地使用税、印花税（不含证券交易印花税）、耕地占用税和教育费附加、地方教育附加。

自2022年1月1日至2024年12月31日，由省、自治区、直辖市人民政府根据本地区实际情况，以及宏观调控需要确定，对增值税小规模纳税人、小型微利企业、个体工商户可以在50%的税额幅度内减征资源税、城市维护建设税、房产税、城镇土地使用税、印花税（不含证券交易印花税）、耕地占用税和教育费附加、地方教育附加。

增值税小规模纳税人、小型微利企业、个体工商户已依法享受资源税、城市维护建设税、房产税、城镇土地使用税、印花税、耕地占用税、教育费附加、地方教育附加其他优惠政策的，可叠加享受此项优惠政策。

2.1.4.2 符合条件的企业暂免征收残疾人就业保障金

自2020年1月1日至2022年12月31日，在职职工人数在30人（含）以下的企业，暂免征收残疾人就业保障金。

2.1.4.3 符合条件的缴纳义务人免征有关政府性基金

按月纳税的月销售额不超过10万元，以及按季度纳税的季度销售额不超过30万元的缴纳义务人免征教育费附加、地方教育附加、水利建设基金。

2.1.4.4 符合条件的增值税小规模纳税人免征文化事业建设费

增值税小规模纳税人中月销售额不超过2万元（按季纳税6万元）的企业和非企业性单位提供的应税服务，免征文化事业建设费。

2.1.4.5 金融机构与小型企业、微型企业签订借款合同免征印花税

自2018年1月1日至2023年12月31日，对金融机构与小型企业、微型企业签订的借款合同免征印花税。

风险提示

小型企业、微型企业，是指符合《中小企业划型标准规定》（工信部联企业〔2011〕300号）的小型企业和微型企业。其中，资产总额和从业人员指标均以贷款发放时的实际状态确定，营业收入指标以贷款发放前12个自然月的累计数确定，不满12个自然月的，按照以下公式计算：营业收入（年）=企业实际存续期间营业收入÷企业实际存续月数×12。

2.2 固定资产加速折旧优惠政策

2008年《企业所得税法》及其实施条例的实施，将固定资产加速折旧优惠政策以法律形式予以确认。为便于纳税人享受政策，国家税务总局随后发布了《关于企业固定资产加速折旧所得税处理有关问题的通知》（国税发〔2009〕81号），对加速折旧方法、购置已使用过的固定资产等有关政策口径予以细化明确。2014–2015年，财政部、国家税务总局先后下发了《关于完善固定资产加速折旧企业所得税政策的通知》（财税〔2014〕75号）、《关于固定资产加速折旧税收政策有关问题的公告》（国家税务总局公告2014年第64号）、《关于进一步完善固定资产加速折旧企业所得税政策的通知》（财税〔2015〕106号）、《关于进一步完善固定资产加速折旧企业所得税政策有关问题的公告》（国家税务总局公告2015年第68号）等文件，针对六大行业、四大领域适时出台了固定资产加速折旧政策，并在2019年出台了《财政部 税务总局关于扩大固定资产加速折旧优惠政策适用范围的公告》（财政部 税务总局公告2019年第66号），进一步扩围至全部制造业企业。

同时，一次性税前扣除政策也在稳步扩围。从财税〔2014〕75号规定单位价值100万元以下研发设备及单位价值5 000元以下固定资产一次性税前扣除，到2018年出台了《财政部 税务总局关于设备 器具扣除有关企业所得税政策的通知》（财税〔2018〕54号），允许单位价值不超过500万元的设备、器具一次性税前扣除，实现了较大突破。2020年，为鼓励抗击新冠疫情，又适时出台了《财政部 税务总局关于支持新型冠状病毒感染的肺炎疫情防控有关税收政策的公告》（财政部 税务总局公告2020年第8号），对疫情防控重点保障物资生产企业为扩大产能新购置的相关设备准予一次性税前扣除。2022年，为促进中小微企业设备更新和技术升级，《财政部 税务总局关于中小微企业设备器具所得税税前扣除有关政策的公告》（财政部 税务总局公告2022年第12号）进一步规定了中小微企业设备器具所得税税前扣除政策。

2.2.1 基本规定

企业的固定资产由于技术进步等原因，确需加速折旧的，可以采取缩短折旧年限或者加速折旧的方法。

采取缩短折旧年限方法的，最低折旧年限不得低于《企业所得税法实施条例》第六十条规定折旧年限的60%。

采取加速折旧方法的，可以采取双倍余额递减法或者年数总和法。

双倍余额递减法是指在不考虑固定资产预计净残值的情况下，根据每期期初固定资产原值减去累计折旧后的金额和双倍的直线法折旧率计算固定资产折旧的一种方法。应用这种方法计算折旧额时，由于每年年初固定资产净值没有减去预计净残值，所以在计算固定资产折旧额时，应在其折旧年限到期前的两年期间，将固定资产净值减去预计净残值后的余额平均摊销。计算公式如下：

年折旧率=2÷预计使用寿命（年）×100%

月折旧率=年折旧率÷12

月折旧额=月初固定资产账面净值×月折旧率

年数总和法又称年限合计法，是指将固定资产的原值减去预计净残值后的余额，乘以一个以固定资产尚可使用寿命为分子、以预计使用寿命逐年数字之和为分母的逐年递减的分数计算每年的折旧额。计算公式如下：

年折旧率=尚可使用年限÷预计使用寿命的年数总和×100%

月折旧率=年折旧率÷12

月折旧额=（固定资产原值-预计净残值）×月折旧率

风险提示

（1）若为购置已使用过的固定资产，其最低折旧年限不得低于《企业所得税法实施条例》规定的最低折旧年限减去已使用年限后剩余年限的60%。

例 2-4　购入一套已使用10年的房产，若采用缩短折旧年限政策，其最低折旧年限不得低于《企业所得税法实施条例》规定的最低折旧年限减去已使用年限后剩余年限的60%，即不得低于（20-10）×60%=6年。

（2）对于采取缩短折旧年限的固定资产，足额计提折旧后继续使用而未进行处置（包括报废等情形）超过12个月的，今后对其更新替代、改造改建后形成的功能相同或者类似的固定资产，不得再采取缩短折旧年限的方法。

2.2.2　缩短折旧年限和加速折旧类型

2.2.2.1　技术进步和强震动、高腐蚀等原因

《企业所得税法》第三十二条所称可以缩短折旧年限或者采取加速折旧的方法的固定资产，包括以下两项：

（1）由于技术进步，产品更新换代较快的固定资产；

（2）常年处于强震动、高腐蚀状态的固定资产。

2.2.2.2 所有行业企业2014年后新购进的专门用于研发的仪器、设备，单位价值超过100万元

对所有行业企业2014年1月1日后新购进的专门用于研发的仪器、设备，单位价值超过100万元的，可缩短折旧年限或采取加速折旧的方法。

2.2.2.3 六大行业2014年1月1日后新购进的固定资产

对生物药品制造业，专用设备制造业，铁路、船舶、航空航天和其他运输设备制造业，计算机、通信和其他电子设备制造业，仪器仪表制造业，信息传输、软件和信息技术服务业等六个行业的企业2014年1月1日后新购进的固定资产，可缩短折旧年限或采取加速折旧的方法。

2.2.2.4 四大领域重点行业企业2015年1月1日后新购进的固定资产

对轻工、纺织、机械、汽车等四个领域重点行业企业2015年1月1日后新购进的固定资产，允许缩短折旧年限或采取加速折旧的方法。

2.2.2.5 制造业企业2019年1月1日后新购进的固定资产

自2019年1月1日起，适用《财政部 国家税务总局关于完善固定资产加速折旧企业所得税政策的通知》（财税〔2014〕75号）和《财政部 国家税务总局关于进一步完善固定资产加速折旧企业所得税政策的通知》（财税〔2015〕106号）规定固定资产加速折旧优惠的行业范围，扩大至全部制造业领域。

2.2.2.6 海南自由贸易港企业

自2020年1月1日至2024年12月31日，对在海南自由贸易港设立的企业，新购置（含自建、自行开发）固定资产或无形资产，单位价值超过500万元的，可以缩短折旧、摊销年限或采取加速折旧、摊销的方法。本条所称固定资产，是指除房屋、建筑物以外的固定资产。

2.2.2.7 企业外购软件和集成电路生产企业的生产设备

企业外购的软件，凡符合固定资产或无形资产确认条件的，可以按照固定资产或无形资产进行核算，其折旧或摊销年限可以适当缩短，最短可为2年（含）。集成电路生产企业的生产设备，其折旧年限可以适当缩短，最短可为3年（含）。

风险提示

（1）企业的固定资产同时符合《关于企业固定资产加速折旧所得税处理有关问题的通知》（国税发〔2009〕81号）、《关于进一步鼓励软件产业和集成电路产业发

展企业所得税政策的通知》（财税〔2012〕27号）、《关于固定资产加速折旧税收政策有关问题的公告》（国家税务总局公告2014年第64号）、《关于进一步完善固定资产加速折旧企业所得税政策有关问题的公告》（国家税务总局公告2015年第68号）等相关加速折旧政策条件的，可由企业选择其中最优惠的政策执行，且一经选择，不得改变。

（2）企业应将购进固定资产的发票、记账凭证等有关凭证、凭据（购入已使用过的固定资产，应提供已使用年限的相关说明）留存备查，并应建立台账，准确核算税法与会计差异情况。

（3）购进包括以货币形式购进或自行建造两种形式。将自行建造也纳入享受优惠的范围，主要是考虑到自行建造固定资产所使用的材料实际也是购进的，因此把自行建造的固定资产也看作是"购进"的。融资租赁的固定资产不属于购进的范畴，不能适用加速折旧政策。

（4）购进时点按以下原则掌握：以货币形式购进的固定资产，除采取分期付款或赊销方式购进外，按发票开具时间确认。以分期付款或赊销方式购进的固定资产，按固定资产到货时间确认。自行建造的固定资产，按竣工结算时间确认。

（5）已使用的固定资产。"新购进"中的"新"字，只是区别于原已购进的固定资产，不是指非要购进全新的固定资产，因此企业购进的使用过的固定资产也可适用加速折旧政策。

（6）企业会计处理上是否采取加速折旧方法，不影响企业享受加速折旧税收优惠政策。企业在享受加速折旧税收优惠政策时，不需要会计上同时采取与税收上相同的折旧方法。

（7）亏损企业可以享受固定资产加速折旧优惠政策，实行固定资产加速折旧政策产生的亏损可以按规定在以后纳税年度内结转弥补。

（8）加速折旧企业所得税优惠适用于账证健全、实行查账征收的企业，核定征收企业不能享受加速折旧税收优惠。

（9）适用于特定行业的固定资产加速折旧政策，以后年度主营业务收入占比发生变化导致行业变更的，不影响企业继续享受加速折旧优惠政策。企业在生产经营过程中，主营业务收入占比可能会发生变化，为增强政策可操作性，以新购置并使用固定资产当年数据为标准，判断其是否可以享受优惠政策。以后年度发生变化的，不影响企业继续享受加速折旧优惠政策。

（10）企业以单独计价的固定资产为计提折旧的单位，可以按照固定资产各自属性分别确定折旧方法。同一批次或同一资产类的不同固定资产单位，可以按照税法规定采取不同的折旧方法。

2.2.3 一次性税前扣除类型

2.2.3.1 研发仪器、设备一次性扣除

企业在2014年1月1日后购进并专门用于研发活动的仪器、设备，单位价值不超过100万元的，可以一次性在计算应纳税所得额时扣除。

2.2.3.2 单位价值不超过5 000元的固定资产一次性扣除

企业持有的固定资产，单位价值不超过5 000元的，可以一次性在计算应纳税所得额时扣除。企业在2013年12月31日前持有的单位价值不超过5 000元的固定资产，其折余价值部分，2014年1月1日以后可以一次性在计算应纳税所得额时扣除。

2.2.3.3 单位价值不超过500万元的设备、器具一次性扣除

企业在2018年1月1日至2023年12月31日期间新购进的设备、器具，单位价值不超过500万元的，允许一次性计入当期成本费用在计算应纳税所得额时扣除，不再分年度计算折旧。所称设备、器具，是指除房屋、建筑物以外的固定资产。

2.2.3.4 六大行业一次性扣除

对生物药品制造业，专用设备制造业，铁路、船舶、航空航天和其他运输设备制造业，计算机、通信和其他电子设备制造业，仪器仪表制造业，信息传输、软件和信息技术服务业等六个行业的小型微利企业2014年1月1日后新购进的研发和生产经营共用的仪器、设备，单位价值不超过100万元的，允许一次性计入当期成本费用在计算应纳税所得额时扣除，不再分年度计算折旧。

2.2.3.5 四大领域一次性扣除

对轻工、纺织、机械、汽车等四个领域重点行业的小型微利企业2015年1月1日后新购进的研发和生产经营共用的仪器、设备，单位价值不超过100万元的，允许一次性计入当期成本费用在计算应纳税所得额时扣除，不再分年度计算折旧。

2.2.3.6 疫情防控重点保障物资生产企业一次性扣除

2020年1月1日至2021年3月31日，对疫情防控重点保障物资生产企业为扩大产能新购置的相关设备，允许一次性计入当期成本费用在企业所得税税前扣除。所称疫情防控重点保障物资生产企业名单，由省级及以上发展改革部门、工业和信息化部门确定。

2.2.3.7 海南自由贸易港企业一次性扣除

自2020年1月1日起执行至2024年12月31日，对在海南自由贸易港设立的企业，新购置（含自建、自行开发）固定资产或无形资产，单位价值不超过500万元（含）的，允许一次性计入当期成本费用在计算应纳税所得额时扣除，不再分年度计算折旧和摊销。所称固定资产，是指除房屋、建筑物以外的固定资产。

2.2.3.8 按比例一次性税前扣除

中小微企业在2022年1月1日至2022年12月31日期间新购置的设备、器具，单位价值在500万元以上的，按照单位价值的一定比例自愿选择在企业所得税税前扣除。其中，《企业所得税法实施条例》规定最低折旧年限为3年的设备器具，单位价值的100%可在当年一次性税前扣除；最低折旧年限为4年、5年、10年的，单位价值的50%可在当年一次性税前扣除，其余50%按规定在剩余年度计算折旧进行税前扣除。

所称中小微企业是指从事国家非限制和禁止行业，且符合以下条件的企业：

（1）信息传输业、建筑业、租赁和商务服务业：从业人员2 000人以下，或营业收入10亿元以下，或资产总额12亿元以下；

（2）房地产开发经营：营业收入20亿元以下或资产总额1亿元以下；

（3）其他行业：从业人员1000人以下或营业收入4亿元以下。

所称设备、器具，是指除房屋、建筑物以外的固定资产；所称从业人数，包括与企业建立劳动关系的职工人数和企业接受的劳务派遣用工人数。

从业人数和资产总额指标，应按企业全年的季度平均值确定。具体计算公式如下：

季度平均值=（季初值+季末值）÷2

全年季度平均值=全年各季度平均值之和÷4

年度中间开业或者终止经营活动的，以其实际经营期作为一个纳税年度确定上述相关指标。

风险提示

（1）所称购进，包括以货币形式购进或自行建造，其中以货币形式购进的固定资产包括购进的使用过的固定资产；以货币形式购进的固定资产，以购买价款和支付的相关税费以及直接归属于使该资产达到预定用途发生的其他支出确定单位价值。自行建造的固定资产，以竣工结算前发生的支出确定单位价值。

（2）固定资产购进时点按以下原则确认：以货币形式购进的固定资产，除采取分期付款或赊销方式购进外，按发票开具时间确认；以分期付款或赊销方式购进的固定资产，按固定资产到货时间确认；自行建造的固定资产，按竣工结算时间确认。

(3) 固定资产在投入使用月份的次月所属年度一次性税前扣除。

(4) 企业选择享受一次性税前扣除政策的，其资产的税务处理可与会计处理不一致。

(5) 关注疫情防控重点保障物资生产企业一次性扣除政策和设备、器具一次性税前扣除政策的有效期限。

2.3 研发费用加计扣除优惠政策

2008年《企业所得税法》及其实施条例的实施，将研发费用加计扣除优惠政策以法律形式予以确认。为便于纳税人享受政策，国家税务总局同年发布《关于印发〈企业研究开发费用税前扣除管理办法（试行）〉的通知》(国税发〔2008〕116号)，对研发费用加计扣除政策做出了系统而详细的规定。2009年，《国家税务总局关于企业所得税若干税务事项衔接问题的通知》(国税函〔2009〕98号) 出台，明确新旧税法衔接问题："企业技术开发费加计扣除部分已形成企业年度亏损，可以用以后年度所得弥补，但结转年限最长不得超过5年。"

2013年，在总结中关村国家自主创新示范区试点经验基础上，财政部、国家税务总局发布《财政部 国家税务总局关于研究开发费用税前加计扣除有关政策问题的通知》(财税〔2013〕70号)，在国税发〔2008〕116号基础上扩大了可纳入税前加计扣除的研究开发费用范围。

2015年，为进一步促进企业研发创新活动，财政部、国家税务总局和科技部联合下发《财政部 国家税务总局 科技部关于完善研究开发费用税前加计扣除政策的通知》(财税〔2015〕119号)，放宽了享受优惠的企业研发活动及研发费用的范围，大幅减少了研发费用加计扣除口径与高新技术企业认定研发费用归集口径的差异，并首次明确了负面清单制度。国家税务总局同时下发了《国家税务总局关于企业研究开发费用税前加计扣除政策有关问题的公告》(国家税务总局2015年第97号)，简化了研发费用在税务处理中的归集、核算及备案管理，进一步降低了企业享受优惠的门槛。

2017年5月，为进一步鼓励科技型中小企业加大研发费用投入，根据国务院常务会议决定，财政部、国家税务总局、科技部联合印发了《财政部 税务总局 科技部关于提高科技型中小企业研究开发费用税前加计扣除比例的通知》(财税〔2017〕34号)，将科技型中小企业享受研发费用加计扣除比例由50%提高到75%。国家税务总局同时下发了《国家税务总局关于提高科技型中小企业研究开发费用税前加计扣除比例有关问题的公告》(国家税务总局公告2017年第18号)，进一步明确政策执行口径，保证优惠政策的贯彻实施。三部门还印发了《科技型中小企业评价办法》，明确了科技型中小企业评价标准和程序。

2017年11月，为进一步做好研发费用加计扣除优惠政策的贯彻落实工作，切实解决政策落实过程中存在的问题，国家税务总局下发了《国家税务总局关于研发费用税前加计扣除归集范围有关问题的公告》（国家税务总局公告2017年第40号），聚焦研发费用归集范围，完善了部分研发费用掌握口径。

随着我国经济的持续快速发展，一些企业的生产布局和销售市场逐步走向全球，其研发活动也随之遍布全球，委托境外机构进行研发创新活动也成为企业研发创新的重要形式。2018年，根据国务院常务会议决定，财政部、国家税务总局、科技部联合印发了《财政部 税务总局 科技部关于企业委托境外研究开发费用税前加计扣除有关政策问题的通知》（财税〔2018〕64号），取消企业委托境外研发费用不得加计扣除的限制，允许符合条件的委托境外研发费用加计扣除，明确了相关政策口径。

同年，为进一步支持科技创新，根据国务院常务会议决定，财政部、国家税务总局、科技部联合印发了《财政部 税务总局 科技部关于提高研究开发费用税前加计扣除比例的通知》（财税〔2018〕99号），将企业研发费用加计扣除比例提高到75%的政策由科技型中小企业扩大至所有企业。

2021年，为进一步支持小微企业、科技创新和相关社会事业发展，财政部、国家税务总局出台《财政部 税务总局关于延长部分税收优惠政策执行期限的公告》（财政部 税务总局公告2021年第6号），将财税〔2018〕99号规定的75%比例加计扣除优惠政策执行期限延长至2023年12月31日。

同年，《财政部 税务总局关于进一步完善研发费用税前加计扣除政策的公告》（财政部 税务总局公告2021年第13号）出台，将制造业研发费用加计扣除比例由75%提高到100%。此后，国家税务总局又印发了《国家税务总局关于进一步落实研发费用加计扣除政策有关问题的公告》（国家税务总局公告2021年第28号），进一步激励企业加大研发投入：一是在2021年10月份预缴申报时，允许企业自主选择提前享受前三季度研发费用加计扣除优惠。此前，研发费用加计扣除优惠在年度汇算清缴时享受，平时预缴申报时不享受。二是增设优化简化研发费用辅助账样式，降低了填写难度。三是调整优化了“其他相关费用”限额的计算方法，将原来按照每一研发项目分别计算“其他相关费用”限额，改为统一计算所有研发项目“其他相关费用”限额，简化了计算方法，允许多个项目“其他相关费用”限额调剂使用，总体上提高了可加计扣除的金额。2022年，《财政部 税务总局 科技部关于进一步提高科技型中小企业研发费用税前加计扣除比例的公告》（财政部 税务总局 科技部公告2022年第16号）出台，将科技型中小企业研发费用加计扣除比例提高到100%。科技型中小企业条件和管理办法仍按照《科技部 财政部 国家税务总局关于印发〈科技型中小企业评价办法〉的通知》（国科发政〔2017〕115号）执行。《国家税务总局关于企业预缴申报享受研发费用加计扣除优惠政策有关事项的公告》（国家税务总局公告2022年第10号）出台，明确自2022年1月1日起，企业10月份预缴申报可以自主选择就当年前三季度研发费用享受加计扣除优惠政策成为长效机制。

2.3.1 基本规定

企业开展研发活动实际发生的研发费用，未形成无形资产计入当期损益的，在按规定据实扣除的基础上，在2018年1月1日至2023年12月31日期间，再按照实际发生额的75%在税前加计扣除；形成无形资产的，在上述期间按照无形资产成本的175%在税前摊销。

制造业企业开展研发活动中实际发生的研发费用，未形成无形资产计入当期损益的，在按规定据实扣除的基础上，自2021年1月1日起，再按照实际发生额的100%在税前加计扣除；形成无形资产的，自2021年1月1日起，按照无形资产成本的200%在税前摊销。

科技型中小企业开展研发活动中实际发生的研发费用，未形成无形资产计入当期损益的，在按规定据实扣除的基础上，自2022年1月1日起，再按照实际发生额的100%在税前加计扣除；形成无形资产的，自2022年1月1日起，按照无形资产成本的200%在税前摊销。

风险提示

（1）研发费用加计扣除政策是激励企业科技创新的“牛鼻子”政策，近年来经历了若干次修订完善。自2021年1月1日起，制造业企业的研发费用加计扣除比例为100%，自2022年1月1日起科技型中小企业的研发费用加计扣除比例为100%，其他企业的研发费用加计扣除比例为75%。

（2）所称制造业企业，是指以制造业业务为主营业务，享受优惠当年主营业务收入占收入总额的比例达到50%以上的企业。制造业的范围按照《国民经济行业分类》（GB/T 4754-2017）确定，如国家有关部门更新《国民经济行业分类》，从其规定。收入总额按照《企业所得税法》第六条规定执行。

（3）亏损企业可以享受研发费用加计扣除政策。因享受政策而形成的亏损可以按照规定结转以后年度弥补。

（4）企业研发活动失败，所发生的符合条件的研发费用仍可以享受加计扣除优惠。

2.3.2 适用范围

研发活动是指企业为获得科学与技术新知识，创造性运用科学技术新知识，或实质性改进技术、产品（服务）、工艺而持续进行的具有明确目标的系统性活动。

下列活动不适用税前加计扣除政策：

（1）企业产品（服务）的常规性升级。

（2）对某项科研成果的直接应用，如直接采用公开的新工艺、材料、装置、产品、服务或知识等。

（3）企业在商品化后为顾客提供的技术支持活动。

（4）对现存产品、服务、技术、材料或工艺流程进行的重复或简单改变。

（5）市场调查研究、效率调查或管理研究。

（6）作为工业（服务）流程环节或常规的质量控制、测试分析、维修维护。

（7）社会科学、艺术或人文学方面的研究。

下列行业不适用税前加计扣除政策：

（1）烟草制造业。

（2）住宿和餐饮业。

（3）批发和零售业。

（4）房地产业。

（5）租赁和商务服务业。

（6）娱乐业。

（7）财政部和国家税务总局规定的其他行业。

风险提示

（1）实务中，税务机关有时候很难判断研发活动是否符合加计扣除条件。财税〔2015〕119号规定，税务机关对企业享受加计扣除优惠的研发项目有异议的，可以转请地市级（含）以上科技行政主管部门出具鉴定意见，科技行政主管部门应及时回复意见。企业承担的省部级（含）以上科研项目，以及以前年度已鉴定的跨年度研发项目，不再需要鉴定。

《科技部 财政部 国家税务总局关于进一步做好企业研发费用加计扣除政策落实工作的通知》（国科发政〔2017〕211号）进一步细化规定：①税务部门对企业享受加计扣除优惠的研发项目有异议的，应及时通过县（区）级科技部门将项目资料送地市级（含）以上科技部门进行鉴定；由省级行政区直接管理的县/市，可直接由县/市级科技部门进行鉴定（以下统称“鉴定部门”）。②鉴定部门在收到税务部门的鉴定需求后，应及时组织专家进行鉴定，并在规定时间内通过原渠道将鉴定意见向税务部门反馈。鉴定时，应由3名以上相关领域的产业、技术、管理等专家参加。③税务部门对鉴定部门的鉴定意见有异议的，可转请省级人民政府科技行政管理部门出具鉴定意见。

（2）财税〔2015〕119号规定的不适用税前加计扣除政策行业的企业，是指以文件中所列行业业务为主营业务，其研发费用发生当年的主营业务收入占企业按

《企业所得税法》第六条规定计算的收入总额减除不征税收入和投资收益的余额50%（不含）以上的企业。

（3）实务中，企业应当关注自身主营业务变化情况，及时更正税务登记行业信息并正确填报表1-8的“105所属国民经济行业（填写代码）”信息，避免因为行业判定错误导致可享未享、不应享而享、未足额享受、超额享受等情况发生。企业要关注以下几种高风险情形：一是企业税务登记为负面清单行业，2021年第三季度享受了研发费用加计扣除政策。二是企业税务登记为负面清单行业，年度汇算清缴享受了研发费用加计扣除政策。三是表1-8的“105所属国民经济行业（填写代码）”为负面清单行业，年度汇算清缴享受了研发费用加计扣除政策。四是企业税务登记为制造业，2021年第三季度按照75%的比例享受研发费用加计扣除政策。五是企业税务登记为非制造业，2021年第三季度按照100%的比例享受研发费用加计扣除政策。六是表1-8的“105所属国民经济行业（填写代码）”为制造业，2021年以后年度汇算清缴按照75%的比例享受研发费用加计扣除政策。七是表1-8的“105所属国民经济行业（填写代码）”为非制造业，2021年以后年度汇算清缴按照100%的比例享受研发费用加计扣除政策。

2.3.3 允许加计扣除的研发费用

2.3.3.1 人员人工费用

直接从事研发活动人员的工资薪金、基本养老保险费、基本医疗保险费、失业保险费、工伤保险费、生育保险费和住房公积金，以及外聘研发人员的劳务费用。

企业直接从事研发活动的人员包括研究人员、技术人员、辅助人员。研究人员是指主要从事研究开发项目的专业人员；技术人员是指具有工程技术、自然科学和生命科学中一个或一个以上领域的技术知识和经验，在研究人员指导下参与研发工作的人员；辅助人员是指参与研究开发活动的技工。

企业外聘研发人员是指与本企业签订劳务用工协议（合同）和临时聘用的研究人员、技术人员、辅助人员。

接受劳务派遣的企业按照协议（合同）约定支付给劳务派遣企业，且由劳务派遣企业实际支付给外聘研发人员的工资薪金等费用，属于外聘研发人员的劳务费用。

工资薪金包括按规定可以在税前扣除的对研发人员股权激励的支出。

2.3.3.2 直接投入费用

（1）研发活动直接消耗的材料、燃料和动力费用。

（2）用于中间试验和产品试制的模具、工艺装备开发及制造费，不构成固定资产的样品、样机及一般测试手段购置费，试制产品的检验费。

（3）用于研发活动的仪器、设备的运行维护、调整、检验、维修等费用，以及通过经营租赁方式租入的用于研发活动的仪器、设备租赁费。

2.3.3.3 折旧费用

这里的折旧费用指用于研发活动的仪器、设备的折旧费。

企业用于研发活动的仪器、设备，符合税法规定且选择加速折旧优惠政策的，在享受研发费用税前加计扣除政策时，就税前扣除的折旧部分计算加计扣除。

2.3.3.4 无形资产摊销费用

这里的无形资产摊销费用指用于研发活动的软件、专利权、非专利技术（包括许可证、专有技术、设计和计算方法等）的摊销费用。

用于研发活动的无形资产，符合税法规定且选择缩短摊销年限的，在享受研发费用税前加计扣除政策时，就税前扣除的摊销部分计算加计扣除。

2.3.3.5 新产品设计费、新工艺规程制定费、新药研制的临床试验费、勘探开发技术的现场试验费

这是指企业在新产品设计、新工艺规程制定、新药研制的临床试验、勘探开发技术的现场试验过程中发生的与开展该项活动有关的各类费用。

2.3.3.6 其他相关费用

这是指与研发活动直接相关的其他费用，如技术图书资料费、资料翻译费、专家咨询费、高新科技研发保险费，研发成果的检索、分析、评议、论证、鉴定、评审、评估、验收费用，知识产权的申请费、注册费、代理费，差旅费、会议费，职工福利费、补充养老保险费、补充医疗保险费。此项费用总额不得超过可加计扣除研发费用总额的10%。

2021年开始，企业在一个纳税年度内同时开展多项研发活动的，由原来按照每一研发项目分别计算“其他相关费用”限额，改为统一计算全部研发项目“其他相关费用”限额。

企业按照以下公式计算“其他相关费用”的限额，其中资本化项目发生的费用在形成无形资产的年度统一纳入计算：全部研发项目的其他相关费用限额=全部研发项目的人员人工等五项费用之和×10%÷（1-10%）。“人员人工等五项费用”是指财税〔2015〕119号文件第一条第（一）项“允许加计扣除的研发费用”第1目至第5目费用，包括“人员人工费用”、“直接投入费用”、“折旧费用”、“无形资产摊销”和“新产品设计费、新工艺规程制定费、新药研制的临床试验费、勘探开发技术的现场试验费”。当“其他相关费用”实际发生数小于限额时，按实际发生数计

算税前加计扣除额；当“其他相关费用”实际发生数大于限额时，按限额计算税前加计扣除额。

风险提示

（1）了解研发人员类型和人工费用类型。研发人员包括企业直接从事研发活动人员（研究人员、技术人员、辅助人员）和外聘研发人员。企业外聘研发人员是指与本企业签订劳务用工协议（合同）和临时聘用的研究人员、技术人员、辅助人员。人工费用包括直接从事研发活动人员的工资薪金和五险一金以及外聘研发人员的劳务费用。

（2）关注研发人员的股权激励支出。工资薪金包括按规定可以在税前扣除的对研发人员股权激励的支出。根据《国家税务总局关于我国居民企业实行股权激励计划有关企业所得税处理问题的公告》（国家税务总局公告2012年第18号）正确计算股权激励这部分工资薪金的加计扣除金额和税前扣除时点，注意税会差异。

（3）对多用途对象费用做好准确归集。企业从事研发活动的人员和用于研发活动的仪器、设备、无形资产，同时从事或用于非研发活动的，应对其人员活动及仪器设备、无形资产使用情况做必要记录，并将其实际发生的相关费用按实际工时占比等合理方法在研发费用和生产经营费用间分配，未分配的不得加计扣除。

（4）关注加速折旧政策和加计扣除政策的衔接及其政策变化。2016年度汇算清缴，企业用于研发活动的仪器、设备，符合税法规定且选择加速折旧优惠政策的，在享受研发费用税前加计扣除时，就已经进行会计处理计算的折旧、费用的部分加计扣除，但不得超过按税法规定计算的金额。自2017年度起，企业用于研发活动的仪器、设备，符合税法规定且选择加速折旧优惠政策的，在享受研发费用税前加计扣除政策时，就税前扣除的折旧部分计算加计扣除。

例2-5 甲汽车制造企业2015年12月购入并投入使用一专门用于研发活动的设备，单位价值1 200万元，会计处理按8年折旧，税法上规定的最低折旧年限为10年，不考虑残值。甲企业对该项设备选择缩短折旧年限的加速折旧方式，折旧年限缩短为6年（10×60%）。2016年企业会计处理计提折旧额150万元（1 200÷8），税收上因享受加速折旧优惠可以扣除的折旧额是200万元（1 200÷6），申报研发费用加计扣除时，就其会计处理的“仪器、设备的折旧费”150万元可以进行加计扣除75万元（150×50%）。若企业会计处理按4年进行折旧，其他情形不变，则2016年企业会计处理计提折旧额300万元（1 200÷4），税收上因享受加速折旧优惠可以扣除的折旧额是200万元（1 200÷6），申报享受研发费用加计扣除时，对其在实际会计处理上已确认的“仪器、设备的折旧费”，但未超过税法规定的税前扣除金额200万元可以进行加计扣除100万元（200×50%）。

例 2-6 接上例，甲汽车制造企业2015年12月购入并投入使用一专门用于研发活动的设备，单位价值1 200万元，税法上规定的最低折旧年限为10年，不考虑残值。甲企业对该项设备选择缩短折旧年限的加速折旧方式，折旧年限缩短为6年（10×60%）。若该设备6年内用途未发生变化，每年均符合加计扣除政策规定，则不论该企业会计上如何折旧，2017年度及以后年度汇算清缴，每年直接就其税前扣除“仪器、设备折旧费”200万元进行加计扣除，不需比较会计、税收折旧孰小，计算方法大为简化。

（5）关注两类特殊收入的扣减要求和时点。一是企业取得研发过程中形成的下脚料、残次品、中间试制品等特殊收入，在计算确认收入当年的加计扣除研发费用时，应从已归集研发费用中扣减该特殊收入，不足扣减的，加计扣除研发费用按零计算，不再结转以后年度继续冲减。二是企业研发活动直接形成产品或作为组成部分形成的产品对外销售的，研发费用中对应的材料费用不得加计扣除。产品销售与对应的材料费用发生在不同纳税年度且材料费用已计入研发费用的，可在销售当年以对应的材料费用发生额直接冲减当年的研发费用，不足冲减的，结转以后年度继续冲减。

（6）财政性资金的处理规则。企业取得作为不征税收入处理的财政性资金用于研发活动所形成的费用或无形资产，不得计算加计扣除或摊销。企业取得的政府补助，会计处理时采用直接冲减研发费用方法且税务处理时未将其确认为应税收入的，应按冲减后的余额计算加计扣除金额。

（7）不允许加计扣除的费用。法律、行政法规和国务院财税主管部门规定不允许企业所得税税前扣除的费用和支出项目不得计算加计扣除。已计入无形资产但不属于财税〔2015〕119号文件中允许加计扣除研发费用范围的，企业摊销时不得计算加计扣除。

（8）关注“其他相关费用”限额计算方法的变化。按现行政策规定，其他相关费用采取限额管理方式，不得超过可加计扣除研发费用总额的10%。国家税务总局公告2015年第97号明确规定按每一项目分别计算其他相关费用限额。对于有多个研发项目的企业，其有的研发项目其他相关费用占比不到10%，有的研发项目其他相关费用占比超过10%，不同研发项目的限额不能调剂使用。国家税务总局公告2021年第28号将其他相关费用限额的计算方法调整为按全部项目统一计算，不再分项目计算，进一步减轻企业负担、方便计算，让企业更多地享受优惠。

例 2-7 假设某公司2021年度有A和B两个研发项目。项目A人员人工等五项费用之和为90万元，其他相关费用为12万元；项目B人员人工等五项费用之和为100万元，其他相关费用为8万元。

按照国家税务总局公告2015年第97号的计算方法是：项目A的其他相关费用限额为10万元（90×10%÷（1-10%）），按照孰小原则，可加计扣除的其他相关费用为10万元；项目B的其他相关费用限额为11.11万元（100×10%÷（1-10%）），按照孰小原则，可加计扣除的其他相关费用为8万元。两个项目可加计扣除的其他相关费用合计为18万元。

按照国家税务总局公告2021年第28号的计算方法是：两个项目的其他相关费用限额为21.11万元（（90＋100）×10%÷（1-10%）），可加计扣除的其他相关费用为20万元（12＋8），大于18万元，且仅需计算一次，减轻了工作量。

（9）关注是否漏填A107012表第34行。《A107012研发费用加计扣除优惠明细表》第28行“（六）其他相关费用（29+30+31+32+33）”有数值的企业需关注第34行“（七）经限额调整后的其他相关费用”是否准确填写了数值，第34行的数据计入加计扣除研发费用基数。

2.3.4 委托研发

企业委托外部机构或个人开展研发活动发生的费用，可按规定税前扣除；加计扣除时按照研发活动发生费用的80%作为加计扣除基数。委托个人研发的，应凭个人出具的发票等合法有效凭证在税前加计扣除。

风险提示

（1）委托关联方开展研发活动。委托外部研究开发费用实际发生额应按照独立交易原则确定。委托方委托关联方开展研发活动的，受托方需向委托方提供研发过程中实际发生的研发项目费用支出明细情况。非关联方的委托研发活动不要求受托方向委托方提供研发过程中实际发生的研发项目费用支出明细情况。

（2）委托研发费用的加计扣除基数。委托研发加计扣除时按照研发活动发生费用的80%作为加计扣除基数，“研发活动发生费用”是指委托方实际支付给受托方的费用。

（3）无论委托方是否享受研发费用税前加计扣除政策，受托方均不得加计扣除。

（4）委托境外研发。委托境外进行研发活动包括委托境外机构研发和委托境外个人研发。自2018年1月1日起，符合条件的委托境外机构的研发费用可以加计扣除，委托境外个人的研发费用仍然不可以加计扣除。

符合条件的委托境外机构的研发费用按照以下规则计算：委托境外进行研发活动所发生的费用，按照费用实际发生额的80%计入委托方的委托境外研发费用。委托境外研发费用不超过境内符合条件的研发费用三分之二的部分，可以按规定在企业所得税前加计扣除。

上述费用实际发生额应按照独立交易原则确定。委托方与受托方存在关联关系的，受托方应向委托方提供研发项目费用支出明细情况。

委托境外研发费用加计扣除的其他政策口径和管理要求按照《财政部 国家税务总局 科技部关于完善研究开发费用税前加计扣除政策的通知》（财税〔2015〕119号）、《财政部 税务总局 科技部关于提高科技型中小企业研究开发费用税前加计扣除比例的通知》（财税〔2017〕34号）、《国家税务总局关于企业研究开发费用税前加计扣除政策有关问题的公告》（国家税务总局公告2015年第97号）等文件规定执行。

（5）委托研发应签订技术开发合同。根据《关于印发〈技术合同认定登记管理办法〉的通知》（国科发政字〔2000〕063号）第六条规定：未申请认定登记和未予登记的技术合同，不得享受国家对有关促进科技成果转化规定的税收、信贷和奖励等方面的优惠政策。委托境外研发由委托方到科技行政主管部门登记委托研发合同，委托境内研发由受托方到科技行政主管部门登记委托研发合同。

2.3.5 研发活动类型

根据国家税务总局发布的《研发费用加计扣除政策执行指引（1.0版）》，企业研发活动一般分为自主研发、委托研发、合作研发、集中研发以及以上方式的组合。

（1）自主研发。它是指企业主要依靠自己的资源独立进行研发，并在研发项目的主要方面拥有完全独立的知识产权。

（2）委托研发。它是指被委托单位或机构基于企业委托而开发的项目。企业以支付报酬的形式获得被委托单位或机构的成果。

（3）合作研发。它是指立项企业通过契约的形式与其他企业共同对同一项目的不同领域分别投入资金、技术、人力等，共同完成研发项目。

（4）集中研发。它是指企业集团根据生产经营和科技开发的实际情况，对技术要求高、投资数额大、单个企业难以独立承担，或者研发力量集中在企业集团，由企业集团统筹管理研发的项目进行集中开发。

风险提示

（1）区别合作研发与集中研发。企业共同合作开发的项目，由合作各方就自身实际承担的研发费用分别计算加计扣除。

根据生产经营和科技开发的实际情况，企业集团中技术要求高、投资数额大，需要集中研发的项目，其实际发生的研发费用，可以按照权利和义务相一致、费用支出和收益分享相配比的原则，合理确定研发费用的分摊方法，在受益成员企业间进行分摊，由相关成员企业分别计算加计扣除。

（2）区别委托研发与合作研发。委托研发是指被委托人基于他人委托而开发的项目。委托人以支付报酬的形式获得被委托人的研发成果的所有权。委托项目的特点是研发经费受委托人支配，项目成果必须体现委托人的意志和实现委托人的使用目的。除了委托指向的具体技术指标、研发时间和合同的常规条款外，委托方只有部分或全部拥有研发成果的知识产权时，才可按照委托研发享受加计扣除政策。若知识产权最后属于受托方，委托方则不能按照委托研发享受加计扣除政策。

合作研发是指研发立项企业通过契约的形式与其他企业共同对项目的某一个关键领域分别投入资金、技术、人力，共同参与产生智力成果的创作活动，共同完成研发项目。合作各方应直接参与研发活动，而非仅提供咨询、物质条件或其他辅助性活动。合作开发在合同中应注明，双方分别投入、各自承担费用、知识产权双方共有或各自拥有自己的研究成果的知识产权。通过合作研发共同完成的知识产权，如果合同没有约定权属，则由合作各方共同所有。可以享受研发费用加计扣除优惠政策的合作方应该拥有合作研发项目成果的所有权。

2.3.6 核算要求

研发费用加计扣除适用于会计核算健全、实行查账征收并能够准确归集研发费用的居民企业。

企业应按照国家财务会计制度要求，对研发支出进行会计处理；同时，对享受加计扣除的研发费用按研发项目设置辅助账，准确归集核算当年可加计扣除的各项研发费用实际发生额。企业在一个纳税年度内进行多项研发活动的，应按照不同研发项目分别归集可加计扣除的研发费用。

风险提示

（1）企业应对研发费用和生产经营费用分别核算，准确、合理归集各项费用支出，对划分不清的，不得实行加计扣除。

（2）研发支出辅助账样式。2015年，《国家税务总局关于企业研究开发费用税前加计扣除政策有关问题的公告》（国家税务总局公告2015年第97号）发布了研发支出辅助账和研发支出辅助账汇总表样式（以下简称“2015版研发支出辅助账样式”）。2021年，《国家税务总局关于进一步落实研发费用加计扣除政策有关问题的公告》（国家税务总局公告2021年第28号）增设了简化版研发支出辅助账和研发支出辅助账汇总表样式（以下简称“2021版研发支出辅助账样式”），2015版研发支出辅助账样式继续有效。

企业按照研发项目设置辅助账时，可以自主选择使用2015版研发支出辅助账样式或者2021版研发支出辅助账样式，也可以参照上述样式自行设计研发支出辅助账样式。

企业自行设计的研发支出辅助账样式，应当包括2021版研发支出辅助账样式所列数据项，且逻辑关系一致，能准确归集允许加计扣除的研发费用。

2.3.7 申报管理

自2021年起，企业10月份预缴申报第3季度（按季预缴）或9月份（按月预缴）企业所得税时，可以自主选择就前三季度研发费用享受加计扣除优惠政策。此前，研发费用加计扣除优惠政策只能在年度汇算清缴时享受。

风险提示

（1）企业享受研发费用加计扣除政策采取“真实发生、自行判别、申报享受、相关资料留存备查”的办理方式，由企业依据实际发生的研发费用支出，自行计算加计扣除金额，填报《中华人民共和国企业所得税月（季）度预缴纳税申报表（A类）》享受税收优惠，并根据享受加计扣除优惠的研发费用情况（前三季度）填写《研发费用加计扣除优惠明细表》（A107012）。《研发费用加计扣除优惠明细表》（A107012）与政策规定的其他资料一并留存备查。

（2）对10月份预缴申报期未选择享受研发费用加计扣除优惠政策的企业，可以在办理当年度企业所得税汇算清缴时统一享受。

2.4 软件、集成电路企业税收优惠政策

为推动我国软件产业和集成电路产业的发展，增强信息产业创新能力和国际竞争力，2000年以来，国务院先后发过三个重要文件，分别是《国务院关于印发鼓励软件产业和集成电路产业发展若干政策的通知》（国发〔2000〕18号）、《国务院关于印发进一步鼓励软件产业和集成电路产业发展若干政策的通知》（国发〔2011〕4号）、《国务院关于印发新时期促进集成电路产业和软件产业高质量发展若干政策的通知》（国发〔2020〕8号）。在此指导下，财政部、国家税务总局、海关总署等有关部门相继出台了一系列财税优惠政策，涉及企业所得税、增值税、关税等多个税种。发展过程简要介绍如下：

2000年，国务院出台了《国务院关于印发鼓励软件产业和集成电路产业发展若干政策的通知》（国发〔2000〕18号），提出了五条软件企业财税政策。在此文件精神指导下，《财政部 国家税务总局关于企业所得税若干优惠政策的通知》（财税〔2008〕1号）出台了鼓励软件产业和集成电路产业发展的十项企业所得税优惠政策，《财政部 国家税务总局关于软件产品增值税政策的通知》（财税〔2011〕100

号）明确了软件产品增值税优惠政策。

2011年，为进一步推动科技创新和产业结构升级，促进信息技术产业发展，国务院出台《国务院关于印发进一步鼓励软件产业和集成电路产业发展若干政策的通知》（国发〔2011〕4号）。在此文件精神指导下，财政部、国家税务总局等部门几年内先后研究出台了一系列软件和集成电路企业的税收优惠政策文件。比如，《财政部 国家税务总局关于退还集成电路企业采购设备增值税期末留抵税额的通知》（财税〔2011〕107号）解决了集成电路重大项目企业采购设备引起的增值税进项税额占用资金问题。《财政部 国家税务总局关于进一步鼓励软件产业和集成电路产业发展企业所得税政策的通知》（财税〔2012〕27号），在财税〔2008〕1号的基础上进一步优化完善：第一条至第八条基本保留延续了财税〔2008〕1号政策内容，第九条至第十六条明确了政策条件及判断口径，第十七条至第二十三条明确了若干管理细则。《工业和信息化部 国家发展和改革委员会 财政部 国家税务总局关于印发<软件企业认定管理办法>的通知》（工信部联软〔2013〕64号）加强软件企业认定工作，促进我国软件产业发展。《财政部 国家税务总局 发展改革委 工业和信息化部关于进一步鼓励集成电路产业发展企业所得税政策的通知》（财税〔2015〕6号）出台了符合条件的集成电路封装、测试企业以及集成电路关键专用材料生产企业、集成电路专用设备生产企业税收优惠政策。《财政部 国家税务总局 发展改革委 工业和信息化部关于软件和集成电路产业企业所得税优惠政策有关问题的通知》（财税〔2016〕49号）对集成电路生产企业、集成电路设计企业、软件企业、国家规划布局内的重点软件企业和集成电路设计企业的税收优惠资格认定等非行政许可审批取消后的税收优惠管理事项进行了细致明确的规定，提出了“在软件、集成电路企业享受优惠政策后，税务部门转请发展改革、工业和信息化部门进行核查”的管理方式。《国家发展和改革委员会 工业和信息化部 财政部 国家税务总局关于印发国家规划布局内重点软件和集成电路设计领域的通知》（发改高技〔2016〕1056号）明确了国家规划布局内重点软件和集成电路设计领域有关内容。《财政部 税务总局 国家发展改革委 工业和信息化部关于集成电路生产企业有关企业所得税政策问题的通知》（财税〔2018〕27号）延续了财税〔2012〕27号的两项集成电路企业优惠政策，新设了两项集成电路生产企业或项目的优惠政策。《财政部 税务总局关于集成电路设计和软件产业企业所得税政策的公告》（财政部 税务总局公告2019年第68号）和《财政部 税务总局关于集成电路设计企业和软件企业2019年度企业所得税汇算清缴适用政策的公告》（财政部 税务总局公告2020年第29号），将财税〔2012〕27号规定的符合条件的集成电路设计企业和软件企业两免三减半优惠政策延续了两年。

2020年，为进一步优化集成电路产业和软件产业发展环境，深化产业国际合作，提升产业创新能力和发展质量，国务院出台《国务院关于印发新时期促进集成电路产业和软件产业高质量发展若干政策的通知》（国发〔2020〕8号），明确了以财税政策为首的八大类政策，大力支持集成电路产业和软件产业发展，引领新一轮科技革命和产业变革。在此重要文件精神指导下，财政部、国家税务总局等部门紧跟步伐，研究出台了一系列配套税收优惠政策文件。比如，2020年《关于促进集成电路产业和软件产业高质量发展企业所得税政策的公告》（财政部 税务总局 发展改革委 工业和信息化部公告2020年第45号）发布，内容上将过去十年分散的软件和集成电路企业所得税优惠政策整合到一个文件中，并新增了两项集成电路生产企业税收政策；管理方式调整为清单管理和非清单管理。《中华人民共和国工业和信息化部 国家发展改革委 财政部 国家税务总局公告（2021年第9号）》明确了国家鼓励的集成电路设计、装备、材料、封装、测试企业条件及管理方式。《中华人民共和国工业和信息化部 国家发展改革委 财政部 国家税务总局公告（2021年第10号）》明确了国家鼓励的软件企业条件。《财政部 海关总署 税务总局关于支持集成电路产业和软件产业发展进口税收政策的通知》（财关税〔2021〕4号）和《财政部 国家发展改革委 工业和信息化部 海关总署 税务总局关于支持集成电路产业和软件产业发展进口税收政策管理办法的通知》（财关税〔2021〕5号）明确了集成电路产业和软件产业进口税收政策及管理办法。《国家发展改革委等五部门关于做好享受税收优惠政策的集成电路企业或项目、软件企业清单制定工作有关要求的通知》（发改高技〔2021〕413号）规定了采用清单管理的软件企业、集成电路企业（项目）的条件和有关程序。《国家发展改革委 工业和信息化部 财政部 海关总署 税务总局关于做好2022年享受税收优惠政策的集成电路企业或项目、软件企业清单制定工作有关要求的通知》（发改高技〔2022〕390号）为做好2022年享受税收优惠政策的集成电路企业或项目、软件企业清单制定工作，明确了有关程序、享受税收优惠政策的企业条件和项目标准。

2.4.1 软件、集成电路企业所得税优惠政策

2.4.1.1 国家鼓励的集成电路生产企业或项目优惠政策（2020年后）

①国家鼓励的集成电路线宽小于28纳米（含），且经营期在15年以上的集成电路生产企业或项目，第一年至第十年免征企业所得税。

②国家鼓励的集成电路线宽小于65纳米（含），且经营期在15年以上的集成电路生产企业或项目，第一年至第五年免征企业所得税，第六年至第十年按照25%的法定税率减半征收企业所得税。

③国家鼓励的集成电路线宽小于130纳米（含），且经营期在10年以上的集成电路生产企业或项目，第一年至第二年免征企业所得税，第三年至第五年按照25%的法定税率减半征收企业所得税。

对于按照集成电路生产企业享受税收优惠政策的，优惠期自获利年度起计算；

对于按照集成电路生产项目享受税收优惠政策的，优惠期自项目取得第一笔生产经营收入所属纳税年度起计算，集成电路生产项目需单独进行会计核算、计算所得，并合理分摊期间费用。

国家鼓励的集成电路生产企业或项目清单由国家发展改革委、工业和信息化部会同财政部、国家税务总局等相关部门制定。

2.4.1.2 国家鼓励的集成电路设计、装备、材料、封装、测试企业和软件企业优惠政策（2020年后）

国家鼓励的集成电路设计、装备、材料、封装、测试企业和软件企业，自获利年度起，第一年至第二年免征企业所得税，第三年至第五年按照25%的法定税率减半征收企业所得税。

2.4.1.3 国家鼓励的重点集成电路设计企业和软件企业（2020年后）

国家鼓励的重点集成电路设计企业和软件企业，自获利年度起，第一年至第五年免征企业所得税，接续年度减按10%的税率征收企业所得税。

国家鼓励的重点集成电路设计和软件企业清单由国家发展改革委、工业和信息化部会同财政部、国家税务总局等相关部门制定。

2.4.1.4 政策衔接规定

符合原有政策条件且在2019年（含）之前已经进入优惠期的企业或项目，2020年（含）起可按原有政策规定继续享受至期满为止，如果也符合财政部 税务总局 发展改革委 工业和信息化部公告2020年第45号第一条规定，则可按规定享受相关优惠，其中定期减免税优惠可按规定计算优惠期，并就剩余期限享受优惠至期满为止。符合原有政策条件，2019年（含）之前尚未进入优惠期的企业或项目，2020年（含）起不再执行原有政策。

2.4.1.5 集成电路生产企业或项目原有政策（2019年以前）

①2018年1月1日后投资新设的集成电路线宽小于130纳米（含），且经营期在10年以上的集成电路生产企业或项目，第一年至第二年免征企业所得税，第三年至第五年按照25%的法定税率减半征收企业所得税，并享受至期满为止。

②2018年1月1日后投资新设的集成电路线宽小于65纳米（含）或投资额超过150亿元，且经营期在15年以上的集成电路生产企业或项目，第一年至第五年免征企业所得税，第六年至第十年按照25%的法定税率减半征收企业所得税，并享受至期满为止。

③2017年12月31日前设立但未获利，集成电路线宽小于0.25微米（含）或投资额超过80亿元，且经营期在15年以上的集成电路生产企业，自获利年度起第一

年至第五年免征企业所得税，第六年至第十年按照25%的法定税率减半征收企业所得税，并享受至期满为止。

④2017年12月31日前设立但未获利，集成电路线宽小于0.8微米（含）的集成电路生产企业，自获利年度起第一年至第二年免征企业所得税，第三年至第五年按照25%的法定税率减半征收企业所得税，并享受至期满为止。

⑤集成电路线宽小于0.8微米（含）的集成电路生产企业，经认定后，在2017年12月31日前自获利年度起计算优惠期，第一年至第二年免征企业所得税，第三年至第五年按照25%的法定税率减半征收企业所得税，并享受至期满为止。

⑥集成电路线宽小于0.25微米（含）或投资额超过80亿元的集成电路生产企业，经认定后，减按15%的税率征收企业所得税，其中经营期在15年以上的，在2017年12月31日前自获利年度起计算优惠期，第一年至第五年免征企业所得税，第六年至第十年按照25%的法定税率减半征收企业所得税，并享受至期满为止。

2.4.1.6 集成电路设计企业、软件企业原有政策（2019年以前）

①我国境内新办的集成电路设计企业和符合条件的软件企业，经认定后，在2017年12月31日前自获利年度起计算优惠期，第一年至第二年免征企业所得税，第三年至第五年按照25%的法定税率减半征收企业所得税，并享受至期满为止。

②依法成立且符合条件的集成电路设计企业和软件企业，在2018年12月31日前自获利年度起计算优惠期，第一年至第二年免征企业所得税，第三年至第五年按照25%的法定税率减半征收企业所得税，并享受至期满为止。

③依法成立且符合条件的集成电路设计企业和软件企业，在2019年12月31日前自获利年度起计算优惠期，第一年至第二年免征企业所得税，第三年至第五年按照25%的法定税率减半征收企业所得税，并享受至期满为止。

2.4.1.7 国家鼓励的集成电路装备、材料、封装、测试企业原有政策（2019年以前）

符合条件的集成电路封装、测试企业以及集成电路关键专用材料生产企业、集成电路专用设备生产企业，在2017年前（含2017年）实现获利的，自获利年度起，第一年至第二年免征企业所得税，第三年至第五年按照25%的法定税率减半征收企业所得税，并享受至期满为止；2017年前未实现获利的，自2017年起计算优惠期，享受至期满为止。

2.4.1.8 国家鼓励的重点集成电路设计企业和软件企业原有政策（2019年以前）

国家规划布局内的重点软件企业和集成电路设计企业，如果当年未享受免税优惠，可减按10%的税率征收企业所得税。

2.4.1.9 其他企业所得税政策

①全额扣除职工培训费用。集成电路设计企业和符合条件的软件企业的职工培训费用，应单独进行核算并按实际发生额在计算应纳税所得额时扣除。

②集成电路生产企业的生产设备加速折旧。集成电路生产企业的生产设备，其折旧年限可以适当缩短，最短可为3年。

③外购软件加速折旧。企业外购的软件，凡符合固定资产或无形资产确认条件的，可以按照固定资产或无形资产进行核算，其折旧或摊销年限可以适当缩短，最短可为2年。

④亏损弥补结转延长。国家鼓励的线宽小于130纳米（含）的集成电路生产企业，属于国家鼓励的集成电路生产企业清单年度之前5个纳税年度发生的尚未弥补完的亏损，准予向以后年度结转，总结转年限最长不得超过10年。

⑤符合条件的即征即退增值税款作不征税收入。符合条件的软件企业按照《财政部 国家税务总局关于软件产品增值税政策的通知》（财税〔2011〕100号）规定取得的即征即退增值税款，由企业专项用于软件产品研发和扩大再生产并单独进行核算，可以作为不征税收入，在计算应纳税所得额时从收入总额中减除。

2.4.2 软件、集成电路企业增值税政策

2.4.2.1 软件产品增值税超税负部分即征即退

增值税一般纳税人销售其自行开发生产的软件产品，按17%（自2018年5月1日起，原适用17%税率的调整为16%；自2019年4月1日起，原适用16%税率的调整为13%）的税率征收增值税后，对其增值税实际税负超过3%的部分实行即征即退政策。

风险提示

软件产品需取得著作权行政管理部门颁发的《计算机软件著作权登记证书》。

2.4.2.2 集成电路重大项目企业增值税留抵税额退税

自2011年11月1日起，对国家批准的集成电路重大项目企业因购进设备形成的增值税期末留抵税额准予退还。

风险提示

（1）企业是属于国家批准的集成电路重大项目企业。

（2）购进的设备应属于《中华人民共和国增值税暂行条例实施细则》第二十一条第二款规定的固定资产范围。

2.4.2.3 承建集成电路重大项目的企业进口新设备可分期缴纳进口增值税

承建集成电路重大项目的企业自2020年7月27日至2030年12月31日期间进口新设备，除《国内投资项目不予免税的进口商品目录》、《外商投资项目不予免税的进口商品目录》和《进口不予免税的重大技术装备和产品目录》所列商品外，若对未缴纳的税款提供海关认可的税款担保，则准予其在首台设备进口之后的6年（连续72个月）期限内分期缴纳进口环节增值税，6年内每年（连续12个月）依次缴纳进口环节增值税总额的0%、20%、20%、20%、20%、20%，自首台设备进口之日起已经缴纳的税款不予退还。在分期纳税期间，海关对准予分期缴纳的税款不予征收滞纳金。

风险提示

（1）国家发展改革委会同工业和信息化部制定可享受进口新设备进口环节增值税分期纳税的集成电路重大项目标准和享受分期纳税承建企业的条件，并根据上述标准、条件确定集成电路重大项目建议名单和承建企业建议名单，函告财政部，抄送海关总署、国家税务总局。财政部会同海关总署、国家税务总局确定集成电路重大项目名单和承建企业名单，通知省级（包括省、自治区、直辖市、计划单列市、新疆生产建设兵团，下同）财政厅（局）、企业所在地直属海关、省级税务局。

（2）承建企业应于承建的集成电路重大项目项下申请享受分期纳税的首台新设备进口3个月前，向省级财政厅（局）提出申请，附项目投资金额、进口设备时间、年度进口新设备金额、年度进口新设备进口环节增值税额、税款担保方案等信息，抄送企业所在地直属海关、省级税务局。省级财政厅（局）会同企业所在地直属海关、省级税务局初核后报送财政部，抄送海关总署、国家税务总局。

（3）财政部会同海关总署、国家税务总局确定集成电路重大项目的分期纳税方案（包括项目名称、承建企业名称、分期纳税起止时间、分期纳税总税额、每季度纳税额等），通知省级财政厅（局）、企业所在地直属海关、省级税务局，由企业所在地直属海关告知相关企业。

（4）分期纳税方案实施中，如发生项目名称变更，承建企业名称、经营范围变更等情形的，承建企业应在完成变更登记之日起60日内，向省级财政厅（局）、企业所在地直属海关、省级税务局报送变更情况说明，申请变更分期纳税方案相应内容。省级财政厅（局）会同企业所在地直属海关、省级税务局确定变更结果，并由省级财政厅（局）函告企业所在地直属海关，抄送省级税务局，报财政部、海关总署、国家税务总局备案。企业所在地直属海关将变更结果告知承建企业。承建企业超过本款前述时间报送变更情况说明的，省级财政厅（局）、企业所在地直属海关、省级税务局不予受理，该项目不再享受分期纳税，已进口设备的未缴纳税款应在完成变更登记次月起3个月内缴纳完毕。

（5）享受分期纳税的进口新设备，应在企业所在地直属海关关区内申报进口。按海关事务担保的规定，承建企业对未缴纳的税款应提供海关认可的税款担保。海关对准予分期缴纳的税款不予征收滞纳金。承建企业在最后一次纳税时，由海关完成该项目全部应纳税款的汇算清缴。如违反规定，逾期未及时缴纳税款，该项目不再享受分期纳税，已进口设备的未缴纳税款应在逾期未缴纳情形发生次月起3个月内缴纳完毕。

2.4.3 集成电路企业其他税费政策

自2017年2月24日起，享受增值税期末留抵退税政策的集成电路企业，其退还的增值税期末留抵税额，应在城市维护建设税、教育费附加和地方教育附加的计税（征）依据中予以扣除。

2.4.4 动漫企业税收优惠政策

2.4.4.1 对销售自主开发生产动漫软件的增值税超税负部分即征即退

自2018年1月1日至2023年12月31日，对于销售自主开发生产动漫软件的动漫企业增值税一般纳税人，其增值税实际税负超过3%的部分，实行即征即退政策。

2.4.4.2 动漫软件出口免征增值税

动漫软件出口免征增值税。

2.4.4.3 符合条件的动漫设计等服务可选择适用简易计税方法计算缴纳增值税

增值税一般纳税人被认定为动漫企业的，发生下列应税行为可以选择适用简易计税方法计税：为开发动漫产品提供的动漫脚本编撰、形象设计、背景设计、动画设计、分镜、动画制作、摄制、描线、上色、画面合成、配音、配乐、音效合成、剪辑、字幕制作、压缩转码（面向网络动漫、手机动漫格式适配）服务，以及在境内转让动漫版权（包括动漫品牌、形象或者内容的授权及再授权）。

2.4.4.4 符合条件的动漫企业可申请享受国家现行鼓励软件产业发展的企业所得税优惠政策

经认定的动漫企业自主开发、生产动漫产品，可申请享受国家现行鼓励软件产业发展的企业所得税优惠政策，即自获利年度起，第一年至第二年免征企业所得税，第三年至第五年按照25%的法定税率减半征收企业所得税。

风险提示

（1）动漫软件符合《财政部 国家税务总局关于软件产品增值税政策的通知》（财税〔2011〕100号）中软件产品相关规定：软件产品，是指信息处理程序及相关文档和数据。软件产品包括计算机软件产品、信息系统和嵌入式软件产品。嵌入式软件产品是指嵌入在计算机硬件、机器设备中并随其一并销售，构成计算机硬件、机器设备组成部分的软件产品。取得软件产业主管部门颁发的《软件产品登记证书》或著作权行政管理部门颁发的《计算机软件著作权登记证书》。

（2）动漫企业和自主开发、生产动漫产品的认定标准和认定程序，按照《文化部 财政部 国家税务总局关于印发〈动漫企业认定管理办法（试行）〉的通知》（文市发〔2008〕51号）的规定执行。

2.5 科技创新其他税收优惠政策

2.5.1 技术转让企业所得税优惠政策

2008年《企业所得税法》及其实施条例的实施，将符合条件的技术转让所得减免征收企业所得税优惠政策以法律形式予以确认。此后，财政部、国家税务总局先后发布了《国家税务总局关于技术转让所得减免企业所得税有关问题的通知》（国税函〔2009〕212号）、《关于居民企业技术转让有关企业所得税政策问题的通知》（财税〔2010〕111号），明确了技术转让所得减免征收企业所得税优惠政策适用的范围、条件及计算方法。2013年，国家税务总局出台了《国家税务总局关于技术转让所得减免企业所得税有关问题的公告》（国家税务总局公告2013年第62号），明确可以计入技术转让收入的技术咨询、技术服务、技术培训收入范围。2015年，财政部、国家税务总局先后出台了《财政部 国家税务总局关于推广中关村国家自主创新示范区税收试点政策有关问题的通知》（财税〔2015〕62号）、《财政部 国家税务总局关于将国家自主创新示范区有关税收试点政策推广到全国范围实施的通知》（财税〔2015〕116号）、《关于许可使用权技术转让所得企业所得税有关问题的公告》（国家税务总局公告2015年第82号）等文件，将5年以上非独占许可使用权技术转让所得优惠政策逐步推广至全国范围实施，并明确了适用范围及计算方法。

2.5.1.1 基本规定

符合条件的技术转让所得免征、减征企业所得税，是指一个纳税年度内，居民企业技术转让所得不超过500万元的部分，免征企业所得税；超过500万元的部分，减半征收企业所得税。

享受减免企业所得税优惠的技术转让应符合以下条件：

（1）享受优惠的技术转让主体是企业所得税法规定的居民企业。

（2）技术转让属于财政部、国家税务总局规定的范围。

（3）技术转让须经有关部门认定。技术转让应签订技术转让合同。其中，境内的技术转让须经省级以上（含省级）科技部门认定登记，跨境的技术转让须经省级以上（含省级）商务部门认定登记，涉及财政经费支持产生技术的转让，需省级以上（含省级）科技部门审批。

风险提示

（1）非居民企业不得享受技术转让企业所得税优惠政策。

（2）居民企业技术出口应由有关部门按照商务部、科技部发布的《中国禁止出口限制出口技术目录》（商务部、科技部令2008年第12号）进行审查。居民企业取得禁止出口和限制出口技术转让所得，不享受技术转让减免企业所得税优惠政策。

（3）居民企业从直接或间接持有股权之和达到100%的关联方取得的技术转让所得，不享受技术转让减免企业所得税优惠政策。

（4）享受技术转让所得减免企业所得税优惠的企业，应单独计算技术转让所得，并合理分摊企业的期间费用；没有单独计算的，不得享受技术转让所得企业所得税优惠。

2.5.1.2 技术转让范围

自2008年1月1日起，技术转让的范围，包括居民企业转让专利技术、计算机软件著作权、集成电路布图设计权、植物新品种、生物医药新品种，以及财政部和国家税务总局确定的其他技术。其中，专利技术是指法律授予独占权的发明、实用新型和非简单改变产品图案的外观设计。

技术转让，是指居民企业转让其拥有符合以上规定技术的所有权或5年以上（含5年）全球独占许可使用权的行为。自2013年11月1日起，符合条件的技术咨询、技术服务、技术培训收入可以计入技术转让收入。

自2015年10月1日起，全国范围内的居民企业转让5年以上（含5年）非独占许可使用权取得的技术转让所得，纳入享受企业所得税优惠的技术转让所得范围。企业转让符合条件的5年以上非独占许可使用权的技术，限于其拥有所有权的技术。

风险提示

（1）自2013年11月1日起，可以计入技术转让收入的技术咨询、技术服务、技术培训收入，是指转让方为使受让方掌握所转让的技术投入使用、实现产业化而提供的必要的技术咨询、技术服务、技术培训所产生的收入，并应同时符合以下条件：

①在技术转让合同中约定的与该技术转让相关的技术咨询、技术服务、技术培训；

②技术咨询、技术服务、技术培训收入与该技术转让项目收入一并收取价款。

（2）技术所有权的权属由国务院行政主管部门确定。其中，专利由国家知识产权局确定权属；国防专利由总装备部确定权属；计算机软件著作权由国家版权局确定权属；集成电路布图设计专有权由国家知识产权局确定权属；植物新品种权由农业农村部确定权属；生物医药新品种由国家食品药品监督管理总局确定权属。

2.5.1.3 计算方法

根据《国家税务总局关于技术转让所得减免企业所得税有关问题的通知》（国税函〔2009〕212号）规定，一般情形下的技术所有权转让所得计算方法为：技术转让所得=技术转让收入-技术转让成本-相关税费。

技术转让收入是指当事人履行技术转让合同后获得的价款，不包括销售或转让设备、仪器、零部件、原材料等非技术性收入。不属于与技术转让项目密不可分的技术咨询、技术服务、技术培训等收入，不得计入技术转让收入。

技术转让成本是指转让的无形资产的净值，即该无形资产的计税基础减除在资产使用期间按照规定计算的摊销扣除额后的余额。

相关税费是指技术转让过程中实际发生的有关税费，包括除企业所得税和允许抵扣的增值税以外的各项税金及其附加、合同签订费用、律师费等相关费用及其他支出。

风险提示

《关于许可使用权技术转让所得企业所得税有关问题的公告》（国家税务总局公告2015年第82号）规定了5年以上（含5年）非独占许可使用权技术转让所得计算方法如下：技术转让所得=技术转让收入-无形资产摊销费用-相关税费-应分摊期间费用。纳税人应当注意与国税函〔2009〕212号规定的计算方法予以区分。

技术转让收入是指转让方履行技术转让合同后获得的价款，不包括销售或转让设备、仪器、零部件、原材料等非技术性收入。不属于与技术转让项目密不可分的技术咨询、技术服务、技术培训等收入，不得计入技术转让收入。技术许可使用权转让收入，应按转让协议约定的许可使用权人应付许可使用权使用费的日期确认收入的实现。

无形资产摊销费用是指该无形资产按税法规定当年计算摊销的费用。涉及自用和对外许可使用的，应按照受益原则合理划分。

相关税费是指技术转让过程中实际发生的有关税费，包括除企业所得税和允许抵扣的增值税以外的各项税金及其附加、合同签订费用、律师费等相关费用。

应分摊期间费用（不含无形资产摊销费用和相关税费）是指技术转让按照当年销售收入占比分摊的期间费用。

2.5.2 中关村国家自主创新示范区特定区域内居民企业技术转让所得减免企业所得税

自2020年1月1日起，在中关村国家自主创新示范区特定区域内注册的居民企业，符合条件的技术转让所得，在一个纳税年度内不超过2 000万元的部分，免征企业所得税；超过2 000万元的部分，减半征收企业所得税。

风险提示

（1）上述所称技术，是指专利（含国防专利）、计算机软件著作权、集成电路布图设计专有权、植物新品种权、生物医药新品种，以及财政部和国家税务总局确定的其他技术。其中，专利是权利人依法就发明创造，包括发明、实用新型、外观设计享有的专有的权利。

（2）技术转让，是指居民企业转让上述技术的所有权，或3年以上（含3年）非独占许可使用权和全球独占许可使用权的行为。

（3）技术转让应签订技术转让合同。相关管理事项按照《财政部 国家税务总局关于居民企业技术转让有关企业所得税政策问题的通知》（财税〔2010〕111号）第三条规定执行。

（4）中关村国家自主创新示范区特定区域包括朝阳园、海淀园、丰台园、顺义园、大兴-亦庄园、昌平园。

2.5.3 技术转让、技术开发和与之相关的技术咨询、技术服务免征增值税

纳税人提供技术转让、技术开发和与之相关的技术咨询、技术服务免征增值税。

风险提示

（1）技术转让、技术开发，是指《销售服务、无形资产、不动产注释》中“转让技术”“研发服务”范围内的业务活动。技术咨询，是指就特定技术项目提供可行性论证、技术预测、专题技术调查、分析评价报告等业务活动。

（2）与技术转让、技术开发相关的技术咨询、技术服务，是指转让方（或者受托方）根据技术转让或者开发合同的规定，为帮助受让方（或者委托方）掌握所转让（或者委托开发）的技术，而提供的技术咨询、技术服务业务，且这部分技术咨询、技术服务的价款与技术转让或者技术开发的价款应当在同一张发票上开具。

2.5.4 先进制造业纳税人增值税期末留抵退税

自2021年4月1日起，符合条件的先进制造业纳税人，可以自2021年5月及以后纳税申报期向主管税务机关申请退还增量留抵税额。

享受上述政策的先进制造业纳税人必须同时符合以下条件：

（1）增量留抵税额大于零；

（2）纳税信用等级为A级或者B级；

（3）申请退税前36个月未发生骗取留抵退税、出口退税或虚开增值税专用发票情形；

（4）申请退税前36个月未因偷税被税务机关处罚两次及以上；

（5）自2019年4月1日起未享受即征即退、先征后返（退）政策。

先进制造业纳税人当期允许退还的增量留抵税额，按照以下公式计算：允许退还的增量留抵税额=增量留抵税额×进项构成比例。

进项构成比例，为2019年4月至申请退税前一税款所属期内已抵扣的增值税专用发票（含税控机动车销售统一发票）、海关进口增值税专用缴款书、解缴税款完税凭证注明的增值税额占同期全部已抵扣进项税额的比重。

风险提示

（1）上述先进制造业纳税人，是指按照《国民经济行业分类》，生产并销售“非金属矿物制品”“通用设备”“专用设备”“计算机、通信和其他电子设备”“医药”“化学纤维”“铁路、船舶、航空航天和其他运输设备”“电气机械和器材”“仪器仪表”销售额占全部销售额的比重超过50%的纳税人。

（2）上述销售额比重根据纳税人申请退税前连续12个月的销售额计算确定；申请退税前经营期不满12个月但满3个月的，按照实际经营期的销售额计算确定。

上述增量留抵税额，是指与2019年3月31日相比新增加的期末留抵税额。

（3）先进制造业纳税人按照规定取得增值税留抵退税款的，不得再申请享受增值税即征即退、先征后返（退）政策。

2.5.5 符合条件的制造业等行业纳税人增值税期末留抵退税

加大“制造业”、“科学研究和技术服务业”、“电力、热力、燃气及水生产和供应业”、“软件和信息技术服务业”、“生态保护和环境治理业”和“交通运输、仓储和邮政业”（以下称制造业等行业）增值税期末留抵退税政策力度，将先进制造业按月全额退还增值税增量留抵税额政策范围扩大至符合条件的制造业等行业企业（含个体工商户，下同），并一次性退还制造业等行业企业存量留抵税额。

1.符合条件的制造业等行业企业，可以自2022年4月纳税申报期起向主管税务机关申请退还增量留抵税额。

2.符合条件的制造业等行业中型企业，可以自2022年5月纳税申报期起向主管税务机关申请一次性退还存量留抵税额；符合条件的制造业等行业大型企业，可以自2022年10月纳税申报期起向主管税务机关申请一次性退还存量留抵税额。

2022年6月30日前在纳税人自愿申请的基础上，集中退还中型企业存量留抵税额。

风险提示

1.享受上述政策的先进制造业纳税人必须同时符合以下条件：

（1）纳税信用等级为A级或者B级；

（2）申请退税前36个月未发生骗取留抵退税、出口退税或虚开增值税专用发票情形；

（3）申请退税前36个月未因偷税被税务机关处罚两次及以上；

（4）自2019年4月1日起未享受即征即退、先征后返（退）政策。

2.上述增量留抵税额，区分以下情形确定：

（1）纳税人获得一次性存量留抵退税前，增量留抵税额为当期期末留抵税额与2019年3月31日相比新增加的留抵税额。

（2）纳税人获得一次性存量留抵退税后，增量留抵税额为当期期末留抵税额。

3.上述存量留抵税额，区分以下情形确定：

（1）纳税人获得一次性存量留抵退税前，当期期末留抵税额大于或等于2019年3月31日期末留抵税额的，存量留抵税额为2019年3月31日期末留抵税额；当期期末留抵税额小于2019年3月31日期末留抵税额的，存量留抵税额为当期期末留抵税额。

（2）纳税人获得一次性存量留抵退税后，存量留抵税额为零。

2.5.6 重大技术装备进口免征增值税

对符合规定条件的企业及核电项目业主为生产国家支持发展的重大技术装备或产品而确有必要进口的部分关键零部件及原材料，免征关税和进口环节增值税。

申请享受重大技术装备进口税收政策的企业一般应为生产国家支持发展的重大技术装备或产品的企业，承诺具备较强的设计研发和生产制造能力以及专业比较齐全的技术人员队伍，并应当同时满足以下条件：

（1）具有独立法人资格。

（2）不存在违法和严重失信行为。

（3）具有核心技术和自主知识产权。

（4）申请享受政策的重大技术装备应符合《国家支持发展的重大技术装备和产品目录》有关要求。

风险提示

（1）申请享受重大技术装备进口税收政策的核电项目业主应为核电领域承担重大技术装备依托项目的业主。

（2）工业和信息化部会同财政部、海关总署、国家税务总局、国家能源局核定企业及核电项目业主免税资格，每年对新申请享受进口税收政策的企业及核电项目业主进行认定，每三年对已享受进口税收政策企业及核电项目业主进行复核。

（3）取得免税资格的企业及核电项目业主可向主管海关提出申请，选择放弃免征进口环节增值税，只免征进口关税。

企业及核电项目业主主动放弃免征进口环节增值税后，36个月内不得再次申请免征进口环节增值税。

2.5.7 科学研究机构、技术开发机构、学校等单位进口免征增值税、消费税

自2021年1月1日至2025年12月31日，对科学研究机构、技术开发机构、学校、党校（行政学院）、图书馆进口国内不能生产或性能不能满足需求的科学研究、科技开发和教学用品，免征进口关税和进口环节增值税、消费税；对出版物进口单位为科研院所、学校、党校（行政学院）、图书馆进口用于科研、教学的图书、资料等，免征进口环节增值税。

其中，科学研究机构、技术开发机构、学校、党校（行政学院）、图书馆是指以下机构：

（1）从事科学研究工作的中央级、省级、地市级科研院所（含其具有独立法人资格的图书馆、研究生院）。

（2）国家实验室、国家重点实验室、企业国家重点实验室、国家产业创新中心、国家技术创新中心、国家制造业创新中心、国家临床医学研究中心、国家工程研究中心、国家工程技术研究中心、国家企业技术中心、国家中小企业公共服务示范平台（技术类）。

（3）科技体制改革过程中转制为企业和进入企业的主要从事科学研究和技术开发工作的机构。

（4）科技部会同民政部核定或者省级科技主管部门会同省级民政、财政、税务部门和社会研发机构所在地直属海关核定的科技类民办非企业单位性质的社会研发机构；省级科技主管部门会同省级财政、税务部门和社会研发机构所在地直属海关核定的事业单位性质的社会研发机构。

（5）省级商务主管部门会同省级财政、税务部门和外资研发中心所在地直属海关核定的外资研发中心。

（6）国家承认学历的实施专科及以上高等学历教育的高等学校及其具有独立法人资格的分校、异地办学机构。

（7）县级及以上党校（行政学院）。

（8）地市级及以上公共图书馆。

风险提示

（1）免税进口商品实行清单管理。免税进口商品清单由财政部、海关总署、国家税务总局征求有关部门意见后另行制定印发，并动态调整。

（2）经海关审核同意，科学研究机构、技术开发机构、学校、党校（行政学院）、图书馆可将免税进口的科学研究、科技开发和教学用品用于其他单位的科学研究、科技开发和教学活动。

（3）对纳入国家网络管理平台统一管理、符合规定的免税进口科研仪器设备，符合科技部会同海关总署制定的纳入国家网络管理平台免税进口科研仪器设备开放共享管理有关规定的，可以用于其他单位的科学研究、科技开发和教学活动。

2.5.8 国家级、省部级机构以及国际组织对科技人员颁发的科技奖金免征个人所得税

省级人民政府、国务院部委和中国人民解放军军以上单位，以及外国组织、国际组织对科技人员颁发的科学、技术方面的奖金，免征个人所得税。

2.5.9 职务科技成果转化现金奖励减免个人所得税

自2018年7月1日起，依法批准设立的非营利性研究开发机构和高等学校根据《中华人民共和国促进科技成果转化法》规定，从职务科技成果转化收入中给予科技人员的现金奖励，可减按50%计入科技人员当月“工资、薪金所得”，依法缴纳个人所得税。

风险提示

非营利性研究开发机构和高等学校，是指同时满足以下条件的科研机构和高校：

（1）根据《民办非企业单位登记管理暂行条例》在民政部门登记，并取得《民办非企业单位登记证书》。

（2）对于民办非营利性科研机构，其《民办非企业单位登记证书》记载的业务范围应属于“科学研究与技术开发、成果转让、科技咨询与服务、科技成果评估”范围。对业务范围存在争议的，由税务机关转请县级（含）以上科技行政主管部门确认。

对于民办非营利性高校，应取得教育主管部门颁发的《民办学校办学许可证》，《民办学校办学许可证》记载学校类型为“高等学校”。

（3）经认定取得企业所得税非营利组织免税资格。

科技人员享受上述税收优惠政策，须同时符合以下条件：

（1）科技人员是指非营利性科研机构和高校中对完成或转化职务科技成果作出重要贡献的人员。非营利性科研机构和高校应按规定公示有关科技人员名单及相关信息（国防专利转化除外），具体公示办法由科技部会同财政部、国家税务总局制定。

（2）科技成果是指专利技术（含国防专利）、计算机软件著作权、集成电路布图设计专有权、植物新品种权、生物医药新品种，以及科技部、财政部、国家税务总局确定的其他技术成果。

（3）科技成果转化是指非营利性科研机构和高校向他人转让科技成果或者许可他人使用科技成果。现金奖励是指非营利性科研机构和高校在取得科技成果转化收入三年（36个月）内奖励给科技人员的现金。

（4）非营利性科研机构和高校转化科技成果，应当签订技术合同，并根据《技术合同认定登记管理办法》，在技术合同登记机构进行审核登记，并取得技术合同认定登记证明。

非营利性科研机构和高校应健全科技成果转化的资金核算，不得将正常工资、奖金等收入列入科技人员职务科技成果转化现金奖励享受税收优惠。

2.5.10 科技企业孵化器、大学科技园和众创空间免征增值税、房产税、城镇土地使用税

自2019年1月1日至2023年12月31日，对国家级和省级科技企业孵化器、大学科技园和国家备案众创空间自用以及无偿或通过出租等方式提供给在孵对象使用的房产、土地，免征房产税和城镇土地使用税；对其向在孵对象提供孵化服务取得的收入，免征增值税。

风险提示

（1）孵化服务是指为在孵对象提供的经纪代理、经营租赁、研发和技术、信息技术、鉴证咨询服务。

（2）国家级和省级科技企业孵化器、大学科技园和国家备案众创空间应当单独核算孵化服务收入。

（3）国家级科技企业孵化器、大学科技园和国家备案众创空间认定和管理办法由国务院科技、教育部门另行发布；省级科技企业孵化器、大学科技园认定和管理办法由省级科技、教育部门另行发布。

（4）在孵对象是指符合上述认定和管理办法规定的孵化企业、创业团队和个人。

（5）国家级和省级科技企业孵化器、大学科技园和国家备案众创空间应按规定申报享受免税政策，并将房产土地权属资料、房产原值资料、房产土地租赁合同、孵化协议等留存备查，税务部门依法加强后续管理。

（6）2018年12月31日以前认定的国家级科技企业孵化器、大学科技园，自2019年1月1日起享受上述规定的税收优惠政策。2019年1月1日以后认定的国家级和省级科技企业孵化器、大学科技园和国家备案众创空间，自认定之日次月起享受上述规定的税收优惠政策。2019年1月1日以后被取消资格的，自取消资格之日次月起停止享受上述规定的税收优惠政策。

本章相关政策附录

2.1 小微企业税费优惠政策

1.《财政部 税务总局关于实施小微企业普惠性税收减免政策的通知》（财税〔2019〕13号）

2.《国家税务总局关于实施小型微利企业普惠性所得税减免政策有关问题的公告》（国家税务总局公告2019年第2号）

3.《国家税务总局关于落实支持小型微利企业和个体工商户发展所得税优

惠政策有关事项的公告》（国家税务总局公告2021年第8号）

4.《财政部 税务总局关于实施小微企业和个体工商户所得税优惠政策的公告》（财政部 税务总局公告2021年第12号）

5.《财政部 税务总局关于进一步实施小微企业所得税优惠政策的公告》（财政部 税务总局公告2022年第13号）

6.《国家税务总局关于小型微利企业所得税优惠政策征管问题的公告》（国家税务总局公告2022年第5号）

7.《财政部 税务总局关于支持个体工商户复工复业增值税政策的公告》（财政部 税务总局公告2020年第13号）

8.《国家税务总局关于支持个体工商户复工复业等税收征收管理事项的公告》（国家税务总局公告2020年第5号）

9.《财政部 税务总局关于延长小规模纳税人减免增值税政策执行期限的公告》（财政部 税务总局公告2020年第24号）

10.《财政部 税务总局关于延续实施应对疫情部分税费优惠政策的公告》（财政部 税务总局公告2021年第7号）

11.《财政部 税务总局关于明确增值税小规模纳税人免征增值税政策的公告》（财政部 税务总局公告2021年第11号）

12.《国家税务总局关于小规模纳税人免征增值税征管问题的公告》（国家税务总局公告2021年第5号）

13.《财政部 税务总局关于对增值税小规模纳税人免征增值税的公告》（财政部 税务总局公告2022年第15号）

14.《国家税务总局关于小规模纳税人免征增值税等征收管理事项的公告》（国家税务总局公告2022年第6号）

15.《国家税务总局关于增值税小规模纳税人地方税种和相关附加减征政策有关征管问题的公告》（国家税务总局公告2019年第5号）

16.《财政部 税务总局关于进一步实施小微企业“六税两费”减免政策的公告》（财政部 税务总局公告2022年第10号）

17.《财政部关于调整残疾人就业保障金征收政策的公告》（财政部公告2019年第98号）

18.《财政部 国家税务总局关于扩大有关政府性基金免征范围的通知》（财税〔2016〕12号）

19.《财政部 国家税务总局关于营业税改征增值税试点有关文化事业建设费政策及征收管理问题的通知》（财税〔2016〕25号）

20.《财政部 税务总局关于支持小微企业融资有关税收政策的通知》（财税〔2017〕77号）

21.《工业和信息化部 国家统计局 国家发展和改革委员会 财政部关于印发中小企业划型标准规定的通知》(工信部联企业〔2011〕300号)

2.2 固定资产加速折旧优惠政策

1.《国家税务总局关于企业固定资产加速折旧所得税处理有关问题的通知》(国税发〔2009〕81号)

2.《财政部 国家税务总局关于进一步鼓励软件产业和集成电路产业发展企业所得税政策的通知》(财税〔2012〕27号)

3.《财政部 国家税务总局关于完善固定资产加速折旧企业所得税政策的通知》(财税〔2014〕75号)

4.《国家税务总局关于固定资产加速折旧税收政策有关问题的公告》(国家税务总局公告2014年第64号)

5.《财政部 国家税务总局关于进一步完善固定资产加速折旧企业所得税政策的通知》(财税〔2015〕106号)

6.《国家税务总局关于进一步完善固定资产加速折旧企业所得税政策有关问题的公告》(国家税务总局公告2015年第68号)

7.《财政部 税务总局关于设备 器具扣除有关企业所得税政策的通知》(财税〔2018〕54号)

8.《国家税务总局关于设备 器具扣除有关企业所得税政策执行问题的公告》(国家税务总局公告2018年第46号)

9.《财政部 税务总局关于扩大固定资产加速折旧优惠政策适用范围的公告》(财政部 税务总局公告2019年第66号)

10.《财政部 税务总局关于海南自由贸易港企业所得税优惠政策的通知》(财税〔2020〕31号)

11.《财政部 税务总局关于支持新型冠状病毒感染的肺炎疫情防控有关税收政策的公告》(财政部 税务总局公告2020年第8号)

12.《财政部 税务总局关于延长部分税收优惠政策执行期限的公告》(财政部 税务总局公告2021年第6号)

13.《财政部 税务总局关于延续实施应对疫情部分税费优惠政策的公告》(财政部 税务总局公告2021年第7号)

14.《财政部 税务总局关于中小微企业设备器具所得税税前扣除有关政策的公告》(财政部 税务总局公告2022年第12号)

2.3 研发费用加计扣除优惠政策

1.《财政部 国家税务总局 科技部关于完善研究开发费用税前加计扣除政策的通知》(财税〔2015〕119号)

2.《国家税务总局关于企业研究开发费用税前加计扣除政策有关问题的公

告》（国家税务总局2015年第97号）

3.《国家税务总局关于研发费用税前加计扣除归集范围有关问题的公告》（国家税务总局公告2017年第40号）

4.《财政部 税务总局 科技部关于企业委托境外研究开发费用税前加计扣除有关政策问题的通知》（财税〔2018〕64号）

5.《财政部 税务总局 科技部关于提高研究开发费用税前加计扣除比例的通知》（财税〔2018〕99号）

6.《财政部 税务总局关于延长部分税收优惠政策执行期限的公告》（财政部 税务总局公告2021年第6号）

7.《财政部 税务总局关于进一步完善研发费用税前加计扣除政策的公告》（财政部 税务总局公告2021年第13号）

8.《国家税务总局关于进一步落实研发费用加计扣除政策有关问题的公告》（国家税务总局公告2021年第28号）

9.《财政部 税务总局 科技部关于进一步提高科技型中小企业研发费用税前加计扣除比例的公告》（财政部 税务总局 科技部公告2022年第16号）

10.《国家税务总局关于企业预缴申报享受研发费用加计扣除优惠政策有关事项的公告》（国家税务总局公告2022年第10号）

2.4 软件、集成电路企业税收优惠政策

1.《财政部 国家税务总局关于进一步鼓励软件产业和集成电路产业发展企业所得税政策的通知》（财税〔2012〕27号）

2.《财政部 国家税务总局 发展改革委 工业和信息化部关于进一步鼓励集成电路产业发展企业所得税政策的通知》（财税〔2015〕6号）

3.《财政部 国家税务总局 发展改革委 工业和信息化部关于软件和集成电路产业企业所得税优惠政策有关问题的通知》（财税〔2016〕49号）

4.《国家发展和改革委员会 工业和信息化部 财政部 国家税务总局关于印发国家规划布局内重点软件和集成电路设计领域的通知》（发改高技〔2016〕1056号）

5.《财政部 税务总局 国家发展改革委 工业和信息化部关于集成电路生产企业有关企业所得税政策问题的通知》（财税〔2018〕27号）

6.《财政部 税务总局关于集成电路设计和软件产业企业所得税政策的公告》（财政部 税务总局公告2019年第68号）

7.《财政部 税务总局关于集成电路设计企业和软件企业2019年度企业所得税汇算清缴适用政策的公告》（财政部 税务总局公告2020年第29号）

8.《财政部 税务总局 发展改革委 工业和信息化部关于促进集成电路产业和软件产业高质量发展企业所得税政策的公告》（财政部 税务总局 发展改革委 工业和信息化部公告2020年第45号）

9.《国家发展改革委等五部门关于做好享受税收优惠政策的集成电路企业或项目、软件企业清单制定工作有关要求的通知》（发改高技〔2021〕413号）

10.《中华人民共和国工业和信息化部 国家发展改革委 财政部 国家税务总局公告2021年第9号》

11.《中华人民共和国工业和信息化部 国家发展改革委 财政部 国家税务总局公告2021年第10号》

12.《财政部 国家税务总局关于软件产品增值税政策的通知》（财税〔2011〕100号）

13.《财政部 税务总局关于调整增值税税率的通知》（财税〔2018〕32号）

14.《财政部 税务总局 海关总署关于深化增值税改革有关政策的公告》（2019年第39号）

15.《财政部 国家税务总局关于退还集成电路企业采购设备增值税期末留抵税额的通知》（财税〔2011〕107号）

16.《财政部 海关总署 税务总局关于支持集成电路产业和软件产业发展进口税收政策的通知》（财关税〔2021〕4号）

17.《财政部 国家发展改革委 工业和信息化部 海关总署 税务总局关于支持集成电路产业和软件产业发展进口税收政策管理办法的通知》（财关税〔2021〕5号）

18.《财政部 国家税务总局关于集成电路企业增值税期末留抵退税有关城市维护建设税 教育费附加和地方教育附加政策的通知》（财税〔2017〕17号）

19.《财政部 税务总局关于延续动漫产业增值税政策的通知》（财税〔2018〕38号）

20.《财政部 税务总局关于延长部分税收优惠政策执行期限的公告》（财政部 税务总局公告2021年第6号）

21.《财政部 国家税务总局关于扶持动漫产业发展有关税收政策问题的通知》（财税〔2009〕65号）

22.《文化部 财政部 国家税务总局关于印发〈动漫企业认定管理办法（试行）〉的通知》（文市发〔2008〕51号）

23.《国家发展改革委 工业和信息化部 财政部 海关总署 税务总局关于做好2022年享受税收优惠政策的集成电路企业或项目、软件企业清单制定工作有关要求的通知》（发改高技〔2022〕390号）

2.5 科技创新其他税收优惠政策

1.《国家税务总局关于技术转让所得减免企业所得税有关问题的通知》（国税函〔2009〕212号）

2.《财政部 国家税务总局关于居民企业技术转让有关企业所得税政策问题的通知》（财税〔2010〕111号）

3.《国家税务总局关于技术转让所得减免企业所得税有关问题的公告》（国家税务总局公告2013年第62号）

4.《财政部 国家税务总局关于将国家自主创新示范区有关税收试点政策推广到全国范围实施的通知》（财税〔2015〕116号）

5.《国家税务总局关于许可使用权技术转让所得企业所得税有关问题的公告》（国家税务总局公告2015年第82号）

6.《财政部 税务总局 科技部 知识产权局关于中关村国家自主创新示范区特定区域技术转让企业所得税试点政策的通知》（财税〔2020〕61号）

7.《财政部 国家税务总局关于全面推开营业税改征增值税试点的通知》（财税〔2016〕36号）

8.《财政部 税务总局 海关总署关于深化增值税改革有关政策的公告》（财政部 税务总局 海关总署公告2019年第39号）

9.《财政部 税务总局关于明确部分先进制造业增值税期末留抵退税政策的公告》（财政部 税务总局公告2019年第84号）

10.《财政部 税务总局关于明确先进制造业增值税期末留抵退税政策的公告》（财政部 税务总局公告2021年第15号）

11.《国家税务总局关于办理增值税期末留抵税额退税有关事项的公告》（国家税务总局公2019年第20号）

12.《国家税务总局关于明确先进制造业增值税期末留抵退税征管问题的公告》（国家税务总局公告2021年第10号）

13.《财政部 税务总局关于进一步加大增值税期末留抵退税政策实施力度的公告》（财政部 税务总局公告2022年第14号）

14.《财政部 税务总局关于进一步加快增值税期末留抵退税政策实施进度的公告》（财政部 税务总局公告2022年第17号）

15.《财政部 工业和信息化部 海关总署 税务总局 能源局关于调整重大技术装备进口税收政策有关目录的通知》（财关税〔2019〕38号）

16.《财政部 工业和信息化部 海关总署 税务总局 能源局关于印发〈重大技术装备进口税收政策管理办法〉的通知》（财关税〔2020〕2号）

17.《工业和信息化部 财政部 海关总署 税务总局 能源局关于印发〈重大技术装备进口税收政策管理办法实施细则〉的通知》（工信部联财〔2020〕118号）

18.《财政部 海关总署 税务总局关于“十四五”期间支持科技创新进口税收政策的通知》（财关税〔2021〕23号）

19.《财政部等十一部门关于“十四五”期间支持科技创新进口税收政策管理办法的通知》（财关税〔2021〕24号）

20.《财政部 税务总局 科技部关于科技人员取得职务科技成果转化现金奖

励有关个人所得税政策的通知》(财税〔2018〕58号)

21.《财政部 税务总局 科技部 教育部关于科技企业孵化器 大学科技园和众创空间税收政策的通知》(财税〔2018〕120号)

22.《财政部 税务总局关于延长部分税收优惠政策执行期限的公告》(财政部 税务总局公告2022年第4号)

3 资本税收政策风险管理

3.1 六类重组企业所得税政策

3.1.1 重组类型的判定

本节所称六类重组，即《财政部 国家税务总局关于企业重组业务企业所得税处理若干问题的通知》（财税〔2009〕59号，本节以下简称《通知》）所称企业重组，是指企业在日常经营活动以外发生的法律结构或经济结构重大改变的交易，包括企业法律形式改变、债务重组、股权收购、资产收购、合并、分立六类形式。

（1）企业法律形式改变

企业法律形式改变是指企业注册名称、住所以及企业组织形式等的简单改变，但符合《通知》规定其他重组的类型除外。

例 3-1 北鑫实业有限责任公司更名为北鑫开源有限责任公司；北鑫实业有限公司将住所地由北京市迁移至深圳市；仅发生上述法律形式简单改变的情形都属于此类重组。

例 3-2 若北鑫实业有限责任公司吸收合并了另一家公司并更名为北鑫新源有限责任公司，虽然这个交易过程中发生了企业注册名称变更，但因为涉及企业合并、股权收购、资产收购等其他重组类型，因此应按照企业合并等其他重组类型的税收政策规定进行企业所得税处理。

（2）债务重组

债务重组是指在债务人发生财务困难的情况下，债权人按照其与债务人达成的书面协议或者法院裁定书，就其债务人的债务作出让步的事项。

例 3-3 A公司是B公司的供应商，约定每年年底结算货款，2021年年底B公司应付A公司550万元。因B公司经营不善，连续五年亏损，2021年无力支付货款。2022年两家公司达成书面协议，A公司同意免除B公司220万元债务，该事项就是债务重组，A公司为债权人，B公司为债务人。

（3）股权收购

股权收购是指一家企业（收购企业）购买另一家企业（被收购企业）的股权，以实现对被收购企业控制的交易。收购企业支付对价的形式包括股权支付、非股权支付或两者的组合。

例 3-4 A公司与B公司达成协议，A公司收购B公司65%的股权，A公司支付B公司股东的对价为550万元现金。该交易为股权收购，A公司为收购企业，B公司为被收购企业。

（4）资产收购

资产收购是指一家企业（受让企业）购买另一家企业（转让企业）实质经营性资产的交易。实质经营性资产，是指企业用于从事生产经营活动、与产生经营收入直接相关的资产，包括经营所用各类资产、企业拥有的商业信息和技术、经营活动产生的应收款项、投资资产等。受让企业支付对价的形式包括股权支付、非股权支付或两者的组合。

例 3-5 A公司与B公司达成协议，A公司购买B公司机器设备等公允价值为660万元的经营性资产，A公司支付B公司的对价为660万元现金。该交易为资产收购，A公司为受让企业，B公司为转让企业。

（5）合并

合并是指一家或多家企业（被合并企业）将其全部资产和负债转让给另一家现存或新设企业（合并企业），被合并企业股东换取合并企业的股权或非股权支付，实现两个或两个以上企业的依法合并。

例 3-6 A公司将其全部资产和负债转让给B公司后解散，B公司支付A公司股东现金1 700万元作为对价。该交易中，A公司为被合并企业，B公司为合并企业。

例 3-7 A公司和B公司合并成为一家新企业C公司，A公司和B公司将全部资产和负债转让给C公司，C公司向A公司和B公司的股东各支付C公司50%的股权作为对价。合并完成后，A公司和B公司均解散。该交易中，A公司和B公司为被合并企业，C公司为合并企业。

（6）分立

分立是指一家企业（被分立企业）将部分或全部资产分离转让给现存或新设的企业（分立企业），被分立企业股东换取分立企业的股权或非股权支付，实现企业的依法分立。

例 3-8 A公司将部分资产剥离，转让给新公司D公司，同时A公司股东获得D公司100%的股权，A公司继续经营。该交易中，A公司为被分立企业，D公司为分立企业。

例 3-9 A公司将全部资产分离转让给新设立的B公司和C公司，同时A公司股东获得B公司和C公司的100%股权，A公司解散。该交易中，A公司为被分立企业，B公司和C公司为分立企业。

风险提示

《通知》主要规定了六种重组类型。企业根据构成要件判定其重组业务类型，为下一步税务处理奠定基础。

3.1.2 重组业务中的重点概念

3.1.2.1 对价

对价包括股权支付和非股权支付。

股权支付，是指企业重组中购买、换取资产的一方支付的对价中，以本企业或其控股企业的股权、股份作为支付的形式。

非股权支付，是指以本企业的现金、银行存款、应收款项、本企业或其控股企业股权和股份以外的有价证券、存货、固定资产、其他资产以及承担债务等作为支付的形式。

3.1.2.2 当事各方

按照重组类型，企业重组的当事各方是指：

（1）债务重组中当事各方，指债务人、债权人。

（2）股权收购中当事各方，指收购方、转让方及被收购企业。

（3）资产收购中当事各方，指收购方、转让方。

（4）合并中当事各方，指合并企业、被合并企业及被合并企业股东。

（5）分立中当事各方，指分立企业、被分立企业及被分立企业股东。

上述重组交易中，股权收购中转让方、合并中被合并企业股东和分立中被分立企业股东，可以是自然人。当事各方中的自然人应按个人所得税的相关规定进行税务处理。

3.1.2.3 重组主导方

重组当事各方企业适用特殊性税务处理的，应按如下规定确定重组主导方：

（1）债务重组，主导方为债务人。

（2）股权收购，主导方为股权转让方，涉及两个或两个以上股权转让方，由转让被收购企业股权比例最大的一方作为主导方（转让股权比例相同的可协商确定主导方）。

（3）资产收购，主导方为资产转让方。

（4）合并，主导方为被合并企业，涉及同一控制下多家被合并企业的，以净资产最大的一方为主导方。

（5）分立，主导方为被分立企业。

3.1.2.4 重组日

重组业务完成当年，是指重组日所属的企业所得税纳税年度。企业重组日的确定，按以下规定处理：

（1）债务重组，以债务重组合同（协议）或法院裁定书生效日为重组日。

（2）股权收购，以转让合同（协议）生效且完成股权变更手续日为重组日。关联企业之间发生股权收购，转让合同（协议）生效后12个月内尚未完成股权变更手续的，应以转让合同（协议）生效日为重组日。

（3）资产收购，以转让合同（协议）生效且当事各方已进行会计处理的日期为重组日。

（4）合并，以合并合同（协议）生效、当事各方已进行会计处理且完成工商新设登记或变更登记日为重组日。按规定不需要办理工商新设或变更登记的合并，以合并合同（协议）生效且当事各方已进行会计处理的日期为重组日。

（5）分立，以分立合同（协议）生效、当事各方已进行会计处理且完成工商新设登记或变更登记日为重组日。

风险提示

企业重组交易与企业其他经营活动的不同之处在于其不属于企业的日常经营活动。企业重组的税务处理区分不同条件分别适用一般性税务处理规定和特殊性税务处理规定。在判定适用情形时需要掌握对价、当事各方、重组主导方、重组日等重要概念。

3.1.3 税务处理方式

重组业务的企业所得税处理分为一般性税务处理与特殊性税务处理。特殊性税务处理需符合以下条件，不符合特殊性税务处理条件的，适用一般性税务处理。

（1）具有合理的商业目的，且不以减少、免除或者推迟缴纳税款为主要目的。

（2）被收购、合并或分立部分的资产或股权比例符合规定的比例。

（3）企业重组后的连续12个月内不改变重组资产原来的实质性经营活动。

（4）重组交易对价中涉及股权支付金额符合规定比例。

（5）企业重组中取得股权支付的原主要股东，在重组后连续12个月内，不得转让所取得的股权。

风险提示

重组业务中，企业所得税处理涉及以下几个核心问题，相关资产的计税基础，税收优惠是否延续，亏损如何结转弥补。特殊性税务处理的本质是递延纳税，未必是每个企业的最佳选择，企业应当全面评估自身弥补亏损、定期减免税优惠、计提资产折旧、税负率、税务机关后续管理要求等情况，选择适用的方法。

3.1.4 六类重组业务的一般性税务处理方式

3.1.4.1 企业法律形式的改变

企业由法人转变为个人独资企业、合伙企业等非法人组织，或将登记注册地转移至中华人民共和国境外（包括中国港、澳、台地区），应视同企业进行清算、分配，股东重新投资成立新企业。企业的全部资产以及股东投资的计税基础均应以公允价值为基础确定。企业发生其他法律形式简单改变的，可直接变更税务登记，除另有规定外，有关企业所得税纳税事项（包括亏损结转、税收优惠等权益和义务）由变更后企业承继，但因住所发生变化而不符合税收优惠条件的除外。

这里联系高新技术企业的相关管理要求。国科发火〔2016〕32号第十七条规定：高新技术企业发生更名或与认定条件有关的重大变化（如分立、合并、重组以及经营业务发生变化等）应在三个月内向认定机构报告。经认定机构审核符合认定条件的，其高新技术企业资格不变，对于企业更名的，重新核发认定证书，编号与有效期不变；不符合认定条件的，自更名或条件变化年度起取消其高新技术企业资格。第十八条规定：跨认定机构管理区域整体迁移的高新技术企业，在其高新技术企业资格有效期内完成迁移的，其资格继续有效；跨认定机构管理区域部分搬迁的，由迁入地认定机构按照本办法重新认定。

3.1.4.2 企业债务重组

相关交易应按以下规定处理：

（1）以非货币资产清偿债务，应当分解为转让相关非货币性资产、按非货币性资产公允价值清偿债务两项业务，确认相关资产的所得或损失。

（2）发生债权转股权的，应当分解为债务清偿和股权投资两项业务，确认有关债务清偿所得或损失。

（3）债务人应当按照支付的债务清偿额低于债务计税基础的差额，确认债务重组所得；债权人应当按照收到的债务清偿额低于债权计税基础的差额，确认债务重组损失。

（4）债务人的相关所得税纳税事项原则上保持不变。

3.1.4.3 企业股权收购、资产收购重组交易

相关交易应按以下规定处理：

（1）被收购方应确认股权、资产转让所得或损失。

（2）收购方取得股权或资产的计税基础应以公允价值为基础确定。

（3）被收购企业的相关所得税事项原则上保持不变。

另外，根据《国家税务总局关于贯彻落实企业所得税法若干税收问题的通知》（国税函〔2010〕79号）的规定：企业转让股权收入，应于转让协议生效、且完成股权变更手续时，确认收入的实现。转让股权收入扣除为取得该股权所发生的成本后，为股权转让所得。企业在计算股权转让所得时，不得扣除被投资企业未分配利润等股东留存收益中按该项股权所可能分配的金额。

例 3-10 甲公司和丙公司、丁公司共同出资设立A公司，注册资本1 000万元，甲公司持有A公司40%股权。2022年5月，乙公司为了业务协同，与甲公司签订股权收购的协议，以A公司净资产价值（账面价值1 200万元，公允价值1 500万元）为基准，乙公司以增发本公司股份400万股（每股面值1元，每股公允价值1.5元）为对价收购甲公司持有的A公司40%股权。2020年7月办理股权变更登记手续。不考虑其他事项。分析甲公司和乙公司的税收影响。

解析：因为乙公司收购A公司股权的比例不达50%，不符合特殊性税务处理的条件，交易双方只能按照一般性税务处理方法进行税务处理。甲公司应按照公允价值计算股权转让所得或损失。其投资成本400万元，转让收入600万元（400万股×1.5元/股），当年确认股权转让所得200万元。乙公司取得A公司40%股权的计税基础按照所增发股份的公允价值确定，即600万元。

3.1.4.4 企业合并

当事各方应按下列规定处理：

（1）合并企业应按公允价值确定接受被合并企业各项资产和负债的计税基础。

（2）被合并企业及其股东都应按清算进行所得税处理。

（3）被合并企业的亏损不得在合并企业结转弥补。

3.1.4.5 企业分立

当事各方应按下列规定处理：

（1）被分立企业对分立出去的资产应按公允价值确认资产转让所得或损失。

（2）分立企业应按公允价值确认接受资产的计税基础。

（3）被分立企业继续存在时，其股东取得的对价应视同被分立企业分配进行处理。

（4）被分立企业不再继续存在时，被分立企业及其股东都应按清算进行所得税处理。

（5）企业分立相关企业的亏损不得相互结转弥补。

3.1.5 五类重组业务的特殊性税务处理方式

企业法律形式的改变不涉及特殊性税务处理方式，故以下仅涉及五类重组业务的特殊性税务处理方式。交易各方对其交易中的股权支付部分，可以按以下规定进行特殊性税务处理，暂不确认有关资产的转让所得或损失，但其非股权支付仍应在交易当期确认相应的资产转让所得或损失，并调整相应资产的计税基础。非股权支付对应的资产转让所得或损失=（被转让资产的公允价值-被转让资产的计税基础）×（非股权支付金额÷被转让资产的公允价值）。

3.1.5.1 债务重组

企业符合3.1.3节特殊性税务处理的条件，且债务重组确认的应纳税所得额占该企业当年应纳税所得额50%以上，可以在5个纳税年度的期间内，均匀计入各年度的应纳税所得额。企业发生债权转股权业务，对债务清偿和股权投资两项业务暂不确认有关债务清偿所得或损失，股权投资的计税基础以原债权的计税基础确定。企业的其他相关所得税事项保持不变。

例3-11 2021年1月1日，A公司从B公司借款100万元，期限1年，年利率8%，约定到期后一次还本付息。后来A公司经营不善，出现财务困难，无法偿还全部本息。2022年2月1日，双方经协商达成书面协议，B公司免除借款本金20万元及全部利息，A公司以公允价值80万元的库存商品（不含增值税，增值税税率为13%）偿还剩余借款本金。A公司当年包含债务重组所得在内的全部应纳税所得额为30万元。分析A公司税收影响。

解析：债务人A公司应确认的债务重组所得为：100×（1+8%）-80×（1+13%）=17.6（万元）；债务重组所得占当年全部应纳税所得额的比例为：17.6÷30×100%=58.67%，大于50%，可以选择适用特殊性税务处理，即17.6万元可以分5个年度均匀计入应纳税所得额。2022年税收确认所得小于会计确认所得，进行纳税调减；2023—2026年，税收确认所得大于会计确认所得，进行纳税调增。

例3-12 甲上市公司应付供应商乙公司300万元，但其经营不善无力偿还。甲乙双方协商一致约定，甲公司增发100万股股票（每股面值1元，市价2元，增发价2元）来偿还对乙公司的欠款。乙公司取得甲公司股票后作为交易性金融资产核算。分析甲公司和乙公司税收影响。

解析：该债转股事项可以分成两步看。一是债务人甲公司用200万元现金偿还债权人乙公司300万元的债务，差额100万元由乙公司豁免。二是乙公司以200万元现金投资甲公司，购买甲公司面值100万元但公允价值200万元的股票。若适用一般性税务处理方式，则甲公司确认债务重组所得100万元，乙公司确认债务重组损失100万元，乙公司取得甲公司股票的计税基础为200万元。若适用特殊性税务处理方式，则甲公司暂不确认债务重组所得，乙公司暂不确认债务重组损失，乙公司取得甲公司股票的计税基础为300万元。

3.1.5.2 股权收购

企业符合3.1.3节特殊性税务处理的条件，且收购企业购买的股权不低于被收购企业全部股权的50%，收购企业在该股权收购发生时的股权支付金额不低于其交易支付总额的85%，可以选择按以下规定处理：

（1）被收购企业的股东取得收购企业股权的计税基础，以被收购股权的原有计税基础确定。

（2）收购企业取得被收购企业股权的计税基础，以被收购股权的原有计税基础确定。

（3）收购企业、被收购企业的原有各项资产和负债的计税基础和其他相关所得税事项保持不变。

股权支付比例=所支付股权公允价值/交易总额×100%

例3-13 甲公司向乙公司收购其持有的A公司100%的股权，甲公司以增发股票和100万元现金作为支付对价。收购日，A公司股权的公允价值为500万元；甲公司增发股票的公允价值为400万元。

解析：股权支付比例=所支付股权公允价值/交易总额×100%=400÷500×100%=80%。

例 3-14 100%股权支付的情形。

甲公司和D公司出资设立A公司，注册资本为100万元，甲公司持有A公司60%股权。2022年5月，乙公司为了业务协同与甲公司签订股权收购的协议，以A公司2022年6月30日净资产账面价值120万元和公允价值200万元为基准，乙公司以增发本公司股份40万股（每股面值1元，每股公允价值3元）为对价收购甲公司持有的A公司60%股权。2022年7月办理股权变更登记手续。假定不考虑其他事项。分析甲公司和乙公司税收影响。

解析：乙公司收购A公司股权的比例为60%，且股权支付比例为100%，符合特殊性税务处理关于收购比例和股权支付比例的要求。若其他条件符合，甲公司和乙公司一致选择适用特殊性税务处理。那么，甲公司转让A公司60%股权暂不确认股权转让所得，同时其取得乙公司增发股票的计税基础，按照其原来持有A公司股权的计税基础确定，即60万元；乙公司取得A公司60%股权的计税基础，按照被收购股权的原计税基础60万元确定。

若甲公司和乙公司选择一般性税务处理，则甲公司转让A公司60%股权确认股权转让所得60万元，甲公司取得乙公司增发股票的计税基础为公允价值120万元；乙公司取得A公司60%股权的计税基础为公允价值120万元。

例 3-15 股权支付和非股权支付两者结合的情形。

甲公司和乙公司出资设立A公司，注册资本为100万元，甲公司持有A公司65%股权。2022年5月，乙公司为了业务协同与甲公司签订股权收购的协议，以A公司2022年6月30日净资产账面价值120万元和公允价值200万元为基准，乙公司以增发本公司股份40万股（每股面值1元，每股公允价值3元）和10万元银行存款为对价收购甲公司持有的A公司65%股权。2022年7月办理股权变更登记手续。假设符合其他股权收购特殊性税务处理条件。假定不考虑其他事项。分析甲公司和乙公司税收影响。

解析：乙公司收购A公司股权的比例为65%，且股权支付比例=120÷130×100%=92.3%，符合特殊性税务处理关于收购比例和股权支付比例的要求。若其他条件符合，甲乙公司一致选择适用特殊性税务处理。那么，甲公司转让A公司65%股权，对于股权支付部分对应的A公司股权转让所得暂不确认，但仍应确认非股权支付部分（10万元银行存款）对应的A公司股权转让所得：（被转让股权的公允价值-被转让股权的计税基础）×（非股权支付金额÷被转让股权的公允价值）=（130-65）×（10÷130）=5（万元）。乙公司取得A公司65%股权的计税基础=股权支付部分对应的A公司股权计税基础+非股权支付部分对应的A公司股权计税基础=A公司

65%股权原有计税基础×股权支付比例+非股权支付公允价值=65×120÷130+10=70（万元）。

若甲公司和乙公司选择一般性税务处理，则甲公司转让A公司65%股权确认股权转让所得65万元，甲公司取得乙公司增发股票的计税基础为公允价值120万元；乙公司取得A公司65%股权的计税基础为公允价值130万元。

3.1.5.3 资产收购

企业符合3.1.3特殊性税务处理的条件，且受让企业收购的资产不低于转让企业全部资产的50%，且受让企业在该资产收购发生时的股权支付金额不低于其交易支付总额的85%，可以选择按以下规定处理：

（1）转让企业取得受让企业股权的计税基础，以被转让资产的原有计税基础确定。

（2）受让企业取得转让企业资产的计税基础，以被转让资产的原有计税基础确定。

例3-16 甲公司以增发股份的方式收购不相关联的乙公司75%实质经营性资产，被收购资产账面价值与计税基础都为100万元，公允价值为200万元。甲公司股权公允价值为200万元。假定不考虑其他事项。分析甲公司和乙公司税收影响。

解析：甲公司收购乙公司实质经营性资产的比例为75%，且股权支付比例为100%，符合特殊性税务处理关于收购比例和股权支付比例的要求。若其他条件符合，甲公司和乙公司一致选择适用特殊性税务处理。那么，乙公司转让资产暂不确认转让所得，同时其取得甲公司增发股票的计税基础，按照其原来持有资产的计税基础确定，即100万元；甲公司取得乙公司资产的计税基础，按照被收购资产的原计税基础100万元确定。

若甲乙双方选择一般性税务处理，则乙公司转让资产确认转让所得100万元，乙公司取得甲公司增发股票的计税基础为公允价值200万元；甲公司取得资产的计税基础为公允价值200万元。

3.1.5.4 企业合并

企业符合3.1.3节特殊性税务处理的条件，且企业股东在该企业合并发生时取得的股权支付金额不低于其交易支付总额的85%，以及同一控制下且不需要支付对价的企业合并，可以选择按以下规定处理：

（1）合并企业接受被合并企业资产和负债的计税基础，以被合并企业的原有计税基础确定。

（2）被合并企业合并前的相关所得税事项由合并企业承继。

（3）可由合并企业弥补的被合并企业亏损的限额=被合并企业净资产公允价

值×截至合并业务发生当年年末国家发行的最长期限的国债利率。

（4）被合并企业股东取得合并企业股权的计税基础，以其原持有的被合并企业股权的计税基础确定。

3.1.5.5 企业分立

企业符合3.1.3节特殊性税务处理的条件，且被分立企业所有股东按原持股比例取得分立企业的股权，分立企业和被分立企业均不改变原来的实质经营活动，且被分立企业股东在该企业分立发生时取得的股权支付金额不低于其交易支付总额的85%，可以选择按以下规定处理：

（1）分立企业接受被分立企业资产和负债的计税基础，以被分立企业的原有计税基础确定。

（2）被分立企业已分立出去资产相应的所得税事项由分立企业承继。

（3）被分立企业未超过法定弥补期限的亏损额可按分立资产占全部资产的比例进行分配，由分立企业继续弥补。

（4）被分立企业的股东取得分立企业的股权（“新股”），如需部分或全部放弃原持有的被分立企业的股权（“旧股”），“新股”的计税基础应以放弃“旧股”的计税基础确定。如不需放弃“旧股”，则其取得“新股”的计税基础可从以下两种方法中选择确定：直接将“新股”的计税基础确定为零；或者以被分立企业分立出去的净资产占被分立企业全部净资产的比例先调减原持有的“旧股”的计税基础，再将调减的计税基础平均分配到“新股”上。

3.1.6 企业合并的亏损结转弥补

企业合并采用一般性税务处理的，被合并企业的亏损不得在合并企业结转弥补。

企业合并采用特殊性税务处理的，可由合并企业弥补的被合并企业亏损的限额=被合并企业净资产公允价值×截至合并业务发生当年年末国家发行的最长期限的国债利率。此处，限额是指按《企业所得税法》规定的剩余结转年限内，每年可由合并企业弥补的被合并企业亏损的限额。

例3-17 2020年1月1日，A公司吸收合并B公司，符合并选择适用特殊性税务处理。B公司有2016年以来的尚未弥补亏损50万元。B公司合并时的净资产公允价值为100万元，截至2020年年末国家发行的最长期限的国债年利率为4.2%。A公司和B公司都不符合延长亏损结转年限相关规定。分析说明B公司合并前的亏损如何处理。

解析：B公司2016年的亏损可以由B公司合并前的2017年、2018年、2019年的所得以及合并后A公司2020年和2021年所得弥补，且合并后A公司每年可弥补B公司2016年亏损的限额是100×4.2%=4.2（万元）。

另外，根据《关于延长高新技术企业和科技型中小企业亏损结转弥补年限有关企业所得税处理问题的公告》（国家税务总局公告2018年第45号）的规定：“企业发生符合特殊性税务处理规定的合并或分立重组事项的，其尚未弥补完的亏损，按照《财政部 国家税务总局关于企业重组业务企业所得税处理若干问题的通知》（财税〔2009〕59号）和本公告有关规定进行税务处理：（1）合并企业承继被合并企业尚未弥补完的亏损的结转年限，按照被合并企业的亏损结转年限确定；（2）分立企业承继被分立企业尚未弥补完的亏损的结转年限，按照被分立企业的亏损结转年限确定；（3）合并企业或分立企业具备资格的，其承继被合并企业或被分立企业尚未弥补完的亏损的结转年限，按照财税〔2009〕59号《通知》第一条和本公告第一条规定处理。”

例3-18 2018年A企业吸收合并B企业，适用特殊性税务处理规定。其中，A企业不具备资格，其尚未弥补完的2016年亏损，准予向以后5年结转弥补。B企业具备资格，其尚未弥补完的2016年亏损，准予向以后10年结转弥补。吸收合并后A企业尚未弥补完的2016年亏损，包括合并前A企业尚未弥补完的亏损和B企业尚未弥补完的亏损，按照财税〔2009〕59号《通知》和国家税务总局公告2018年第45号的规定应当分别处理，即合并后A企业尚未弥补完的2016年亏损，其中合并前A企业尚未弥补完的亏损，只准予用2018年至2021年的所得弥补；合并前B企业尚未弥补完的亏损，按照财税〔2009〕59号《通知》第六条第（四）项有关规定计算后，准予用2018年至2026年的所得弥补。如合并后A企业2018年具备资格，合并后A企业尚未弥补完的2016年亏损，包括合并前A企业尚未弥补完的亏损和B企业尚未弥补完的亏损，均准予用2018年至2026年的所得弥补。

3.1.7 企业合并的优惠承继

3.1.7.1 企业整体（即全部生产经营所得）享受的税收优惠

企业合并采用一般性税务处理的，根据国家税务总局公告2010年第4号第十五条的规定：企业合并或分立，合并各方企业或分立企业涉及享受《企业所得税法》第五十七条规定中就企业整体（即全部生产经营所得）享受的税收优惠过渡政策尚未期满的，仅就存续企业未享受完的税收优惠，按照《通知》第九条的规定执行，即，“在企业吸收合并中，合并后的存续企业性质及适用税收优惠的条件未发生改变的，可以继续享受合并前该企业剩余期限的税收优惠，其优惠金额按存续企业合并前一年的应纳税所得额（亏损计为零）计算”。注销的被合并或被分立企业未享受完的税收优惠，不再由存续企业承继；合并或分立而新设的企业不得再承继或重新享受上述优惠。

企业合并采用特殊性税务处理的，根据国家税务总局公告2010年第4号第二十八条规定：根据《通知》第六条第（四）项第2目规定，被合并企业合并前的相关所得税事项由合并企业承继，以及根据《通知》第六条第（五）项第2目规定，企业分立，已分立资产相应的所得税事项由分立企业承继，这些事项包括尚未确认的资产损失、分期确认收入的处理以及尚未享受期满的税收优惠政策承继处理问题等。其中，对税收优惠政策承继处理问题，凡属于依照《企业所得税法》第五十七条规定中就企业整体（即全部生产经营所得）享受税收优惠过渡政策的，合并或分立后的企业性质及适用税收优惠条件未发生改变的，可以继续享受合并前各企业或分立前被分立企业剩余期限的税收优惠。合并前各企业剩余的税收优惠年限不一致的，合并后企业每年度的应纳税所得额，应统一按合并日各合并前企业资产占合并后企业总资产的比例进行划分，再分别按相应的剩余优惠计算应纳税额。

例3-19 2020年1月1日，A企业吸收合并B企业，B企业注销。2019年是A企业和B企业享受“两免三减半”企业所得税优惠的第四年，2019年度A企业的应纳税所得额为90万元。合并日A企业净资产公允价值为300万元，B企业净资产公允价值为100万元。合并后A企业性质及适用税收优惠的条件未发生改变。合并后2020年A企业应纳税所得额为120万元。不考虑其他事项，分析计算合并后A企业2020年度应纳税所得额。

解析：

（1）适用一般性税务处理时，合并后A企业2020年度应纳税所得额为90×50%×25%+（120-90）×25%=18.75（万元）。

（2）适用特殊性税务处理时，合并后A企业2020年度应纳税所得额为120×300÷（300+100）×25%×50%+120×100÷（300+100）×25%×50%=15（万元）。

3.1.7.2 企业生产经营项目所得享受的税收优惠

根据国家税务总局公告2010年第4号第十五条的规定：合并或分立各方企业按照税法的税收优惠规定和税收优惠过渡政策中就企业有关生产经营项目的所得享受的税收优惠承继问题，按照《实施条例》第八十九条规定执行。此时，合并的一般性税务处理和特殊性税务处理无差别。《实施条例》第八十九条规定如下：依照本条例第八十七条和第八十八条规定享受减免税优惠的项目，在减免税期限内转让的，受让方自受让之日起，可以在剩余期限内享受规定的减免税优惠；减免税期限届满后转让的，受让方不得就该项目重复享受减免税优惠。

例 3-20 乙公司为公共垃圾处理企业，享受生产经营项目所得三免三减半的税收优惠。2019年是三免三减半的第一年，项目收入77万元，项目成本23万元，相关税费9万元，项目所得45万元。2020年乙公司被甲公司吸收合并，甲公司2020年生产经营全部是公共垃圾处理所得。

解析：甲公司可以继续执行公共垃圾处理项目所得三免三减半的税收优惠，第二年享受免税优惠，2020年公共垃圾处理项目所得全部为免税所得。

3.1.8 被分立企业亏损的结转弥补

企业分立采用一般性税务处理的，企业分立相关企业的亏损不得相互结转弥补。企业分立采用特殊性税务处理的，被分立企业未超过法定弥补期限的亏损额可按分立资产占全部资产的比例进行分配，由分立企业继续弥补。

例 3-21 2020年5月1日，A公司分立为B公司和C公司，其中B公司资产为200万元，C公司资产为300万元，符合并选择适用特殊性税务处理。A公司2019年亏损20万元，2020年1—4月应纳税所得额为0。A公司、B公司、C公司都不符合延长亏损结转年限的相关规定。分析说明A公司分立前的亏损如何处理。

解析：A公司可由B公司结转弥补的亏损是20×200÷（200+300）=8（万元）；A公司可由C公司结转弥补的亏损是20×300÷（200+300）=12（万元）。

另外，《国家税务总局关于延长高新技术企业和科技型中小企业亏损结转弥补年限有关企业所得税处理问题的公告》（国家税务总局公告2018年第45号）规定："企业发生符合特殊性税务处理规定的合并或分立重组事项的，其尚未弥补完的亏损，按照《财政部 国家税务总局关于企业重组业务企业所得税处理若干问题的通知》（财税〔2009〕59号）和本公告有关规定进行税务处理：

（一）合并企业承继被合并企业尚未弥补完的亏损的结转年限，按照被合并企业的亏损结转年限确定；

（二）分立企业承继被分立企业尚未弥补完的亏损的结转年限，按照被分立企业的亏损结转年限确定；

（三）合并企业或分立企业具备资格的，其承继被合并企业或被分立企业尚未弥补完的亏损的结转年限，按照《通知》第一条和本公告第一条规定处理。"

例 3-22 2018年A企业分立新设B企业和C企业，适用特殊性税务处理规定。其中，A企业具备资格，其尚未弥补完的2016年亏损，准予向以后10年结转弥补。分立新设的B企业和C企业分别承继A企业尚未弥补完的2016年亏损。按照财税〔2009〕59号《通知》和国家税务总局公告2018年第45号的规定，分立后B企业和C企业分别承继A企业尚未弥补完的2016年亏损，按照财税〔2009〕59号《通知》

第六条第（五）项有关规定计算后，无论分立后B企业和C企业是否具备资格，均准予用2018年至2026年的所得弥补。

3.1.9 企业分立的优惠承继

3.1.9.1 企业整体（即全部生产经营所得）享受的税收优惠

企业分立采用一般性税务处理的，根据国家税务总局公告2010年第4号第十五条的规定：企业合并或分立，合并各方企业或分立企业涉及享受《企业所得税法》第五十七条规定中就企业整体（即全部生产经营所得）享受的税收优惠过渡政策尚未期满的，仅就存续企业未享受完的税收优惠，按照《通知》第九条的规定执行；注销的被合并或被分立企业未享受完的税收优惠，不再由存续企业承继；合并或分立而新设的企业不得再承继或重新享受上述优惠。根据财税〔2009〕59号第九条的规定：在企业存续分立中，分立后的存续企业性质及适用税收优惠的条件未发生改变的，可以继续享受分立前该企业剩余期限的税收优惠，其优惠金额按该企业分立前一年的应纳税所得额（亏损计为零）乘以分立后存续企业资产占分立前该企业全部资产的比例计算。

企业分立采用特殊性税务处理的，根据国家税务总局公告2010年第4号第二十八条规定：根据《通知》第六条第（四）项第2目规定，被合并企业合并前的相关所得税事项由合并企业承继，以及根据《通知》第六条第（五）项第2目规定，企业分立，已分立资产相应的所得税事项由分立企业承继，这些事项包括尚未确认的资产损失、分期确认收入的处理以及尚未享受期满的税收优惠政策承继处理问题等。其中，对税收优惠政策承继处理问题，凡属于依照《企业所得税法》第五十七条规定中就企业整体（即全部生产经营所得）享受税收优惠过渡政策的，合并或分立后的企业性质及适用税收优惠条件未发生改变的，可以继续享受合并前各企业或分立前被分立企业剩余期限的税收优惠。

3.1.9.2 项目所得优惠

根据国家税务总局公告2010年第4号第十五条的规定：合并或分立各方企业按照《企业所得税法》的税收优惠规定和税收优惠过渡政策中就企业有关生产经营项目的所得享受的税收优惠承继问题，按照《实施条例》第八十九条规定执行。此时，分立的一般性税务处理和特殊性税务处理无差别。《实施条例》第八十九条规定：依照本条例第八十七条和第八十八条规定享受减免税优惠的项目，在减免税期限内转让的，受让方自受让之日起，可以在剩余期限内享受规定的减免税优惠；减免税期限届满后转让的，受让方不得就该项目重复享受减免税优惠。

3.1.10 分步交易

根据财税〔2009〕59号文件第十条的规定，若同一项重组业务涉及在连续12个月内分步交易，且跨两个纳税年度，当事各方在首个纳税年度交易完成时预计整个交易符合特殊性税务处理条件，经协商一致选择特殊性税务处理的，可以暂时适用特殊性税务处理，并在当年企业所得税年度申报时提交书面申报资料。在下一纳税年度全部交易完成后，企业应判断是否适用特殊性税务处理。如适用特殊性税务处理的，当事各方应按国家税务总局公告2015年第48号的要求申报相关资料；如适用一般性税务处理的，应调整相应纳税年度的企业所得税年度申报表，计算缴纳企业所得税。

3.2 资产（股权）划转企业所得税政策

3.2.1 特殊性税务处理

《财政部 国家税务总局关于促进企业重组有关企业所得税处理问题的通知》（财税〔2014〕109号，本节以下简称《通知》）第三条规定：

对100%直接控制的居民企业之间，以及受同一或相同多家居民企业100%直接控制的居民企业之间按账面净值划转股权或资产，凡具有合理商业目的、不以减少、免除或者推迟缴纳税款为主要目的，股权或资产划转后连续12个月内不改变被划转股权或资产原来实质性经营活动，且划出方企业和划入方企业均未在会计上确认损益的，可以选择按以下规定进行特殊性税务处理：

1.划出方企业和划入方企业均不确认所得。

2.划入方企业取得被划转股权或资产的计税基础，以被划转股权或资产的原账面净值确定。

3.划入方企业取得的被划转资产，应按其原账面净值计算折旧扣除。

风险提示

《通知》第三条所称“100%直接控制的居民企业之间，以及受同一或相同多家居民企业100%直接控制的居民企业之间按账面净值划转股权或资产”，限于以下情形：

（1）100%直接控制的母子公司之间，母公司向子公司按账面净值划转其持有的股权或资产，母公司获得子公司100%的股权支付。母公司按增加长期股权投资处理，子公司按接受投资（包括资本公积，下同）处理。母公司获得子公司股权的计税基础以划转股权或资产的原计税基础确定。

（2）100%直接控制的母子公司之间，母公司向子公司按账面净值划转其持有的股权或资产，母公司没有获得任何股权或非股权支付。母公司按冲减实收资本（包括资本公积，下同）处理，子公司按接受投资处理。

（3）100%直接控制的母子公司之间，子公司向母公司按账面净值划转其持有的股权或资产，子公司没有获得任何股权或非股权支付。母公司按收回投资处理，或按接受投资处理，子公司按冲减实收资本处理。母公司应按被划转股权或资产的原计税基础，相应调减持有子公司股权的计税基础。

（4）受同一或相同多家母公司100%直接控制的子公司之间，在母公司主导下，一家子公司向另一家子公司按账面净值划转其持有的股权或资产，划出方没有获得任何股权或非股权支付。划出方按冲减所有者权益处理，划入方按接受投资处理。

《通知》第三条所称"股权或资产划转后连续12个月内不改变被划转股权或资产原来实质性经营活动"，是指自股权或资产划转完成日起连续12个月内不改变被划转股权或资产原来实质性经营活动。

股权或资产划转完成日，是指股权或资产划转合同（协议）或批复生效，且交易双方已进行会计处理的日期。

《通知》第三条所称"划入方企业取得被划转股权或资产的计税基础，以被划转股权或资产的原账面净值确定"，是指划入方企业取得被划转股权或资产的计税基础，以被划转股权或资产的原计税基础确定。

《通知》第三条所称"划入方企业取得的被划转资产，应按其原账面净值计算折旧扣除"，是指划入方企业取得的被划转资产，应按被划转资产的原计税基础计算折旧扣除或摊销。

按照《通知》第三条规定进行特殊性税务处理的股权或资产划转，交易双方应在协商一致的基础上，采取一致处理原则统一进行特殊性税务处理。

3.2.2 不再符合特殊性税务处理条件的调整

《国家税务总局关于资产（股权）划转企业所得税征管问题的公告》（国家税务总局公告2015年第40号）规定：交易一方在股权或资产划转完成日后连续12个月内发生生产经营业务、公司性质、资产或股权结构等情况变化，致使股权或资产划转不再符合特殊性税务处理条件的，发生变化的交易一方应在情况发生变化的30日内报告其主管税务机关，同时书面通知另一方。另一方应在接到通知后30日内将有关变化报告其主管税务机关。

上述情况发生变化后60日内，原交易双方应按以下规定进行税务处理：

（1）属于国家税务总局公告2015年第40号第一条第（一）项规定情形的，母公司应按原划转完成时股权或资产的公允价值视同销售处理，并按公允价值确认取得长期股权投资的计税基础；子公司按公允价值确认划入股权或资产的计税基础。

（2）属于国家税务总局公告2015年第40号第一条第（二）项规定情形的，母公司应按原划转完成时股权或资产的公允价值视同销售处理；子公司按公允价值确认划入股权或资产的计税基础。

（3）属于国家税务总局公告2015年第40号第一条第（三）项规定情形的，子公司应按原划转完成时股权或资产的公允价值视同销售处理；母公司应按撤回或减少投资进行处理。

（4）属于国家税务总局公告2015年第40号第一条第（四）项规定情形的，划出方应按原划转完成时股权或资产的公允价值视同销售处理；母公司根据交易情形和会计处理对划出方按分回股息进行处理，或者按撤回或减少投资进行处理，对划入方按以股权或资产的公允价值进行投资处理；划入方按接受母公司投资处理，以公允价值确认划入股权或资产的计税基础。

风险提示

交易双方应调整划转完成纳税年度的应纳税所得额及相应股权或资产的计税基础，向各自主管税务机关申请调整划转完成纳税年度的企业所得税年度申报表，依法计算缴纳企业所得税。

3.3 非货币性资产投资所得税政策

3.3.1 企业所得税政策

实行查账征收的居民企业（以下简称企业）以非货币性资产对外投资确认的非货币性资产转让所得，可自确认非货币性资产转让收入年度起不超过连续5个纳税年度的期间内，分期均匀计入相应年度的应纳税所得额，按规定计算缴纳企业所得税。

风险提示

（1）所称非货币性资产，是指现金、银行存款、应收账款、应收票据以及准备持有至到期的债券投资等货币性资产以外的资产。所称非货币性资产投资，限于以非货币性资产出资设立新的居民企业，或将非货币性资产注入现存的居民企业。投资主体必须是实行查账征收的居民企业。

（2）企业以非货币性资产对外投资，应对非货币性资产进行评估并按评估后的公允价值扣除计税基础后的余额，计算确认非货币性资产转让所得。

（3）企业以非货币性资产对外投资，应于投资协议生效并办理股权登记手续时，确认非货币性资产转让收入的实现。关联企业之间发生的非货币性资产投资行为，投资协议生效后12个月内尚未完成股权变更登记手续的，于投资协议生效时，确认非货币性资产转让收入的实现。

（4）企业以非货币性资产对外投资而取得被投资企业的股权，应以非货币性资产的原计税成本为计税基础，加上每年确认的非货币性资产转让所得，逐年进行调整。被投资企业取得非货币性资产的计税基础，应按非货币性资产的公允价值确定。

（5）企业在对外投资5年内转让上述股权或投资收回的，应停止执行递延纳税政策，并就递延期内尚未确认的非货币性资产转让所得，在转让股权或投资收回当年的企业所得税年度汇算清缴时，一次性计算缴纳企业所得税。企业在对外投资5年内注销的，应停止执行递延纳税政策，并就递延期内尚未确认的非货币性资产转让所得，在注销当年的企业所得税年度汇算清缴时，一次性计算缴纳企业所得税。

3.3.2 个人所得税政策

个人以非货币性资产投资，属于个人转让非货币性资产和投资同时发生。对个人转让非货币性资产的所得，应按照“财产转让所得”项目，依法计算缴纳个人所得税。

个人应在发生上述应税行为的次月15日内向主管税务机关申报纳税。纳税人一次性缴税有困难的，可合理确定分期缴纳计划并报主管税务机关备案后，自发生上述应税行为之日起不超过5个公历年度内（含）分期缴纳个人所得税。

风险提示

（1）个人以非货币性资产投资，应按评估后的公允价值确认非货币性资产转让收入。非货币性资产转让收入减除该资产原值及合理税费后的余额为应纳税所得额。非货币性资产原值为纳税人取得该项资产时实际发生的支出。纳税人无法提供完整、准确的非货币性资产原值凭证，不能正确计算非货币性资产原值的，主管税务机关可依法核定其非货币性资产原值。合理税费是指纳税人在非货币性资产投资过程中发生的与资产转移相关的税金及合理费用。

（2）个人以非货币性资产投资，应于非货币性资产转让、取得被投资企业股权时，确认非货币性资产转让收入的实现。

（3）所称非货币性资产，是指现金、银行存款等货币性资产以外的资产，包括股权、不动产、技术发明成果以及其他形式的非货币性资产。

（4）所称非货币性资产投资，包括以非货币性资产出资设立新的企业，以及以非货币性资产出资参与企业增资扩股、定向增发股票、股权置换、重组改制等投资行为。

3.4 技术成果投资入股所得税政策

自2016年9月1日起，企业或个人以技术成果投资入股到境内居民企业，被投资企业支付的对价全部为股票（权）的，企业或个人可选择继续按现行有关税收政策执行，也可选择适用递延纳税优惠政策执行。

选择技术成果投资入股递延纳税政策的，经向主管税务机关备案，投资入股当期可暂不纳税，允许递延至转让股权时，按股权转让收入减去技术成果原值和合理税费后的差额计算缴纳所得税。

风险提示

（1）技术成果是指专利技术（含国防专利）、计算机软件著作权、集成电路布图设计专有权、植物新品种权、生物医药新品种，以及科技部、财政部、国家税务总局确定的其他技术成果。

（2）技术成果投资入股，是指纳税人将技术成果所有权让渡给被投资企业、取得该企业股票（权）的行为。

（3）企业或个人选择适用上述任一项政策，均允许被投资企业按技术成果投资入股时的评估值入账并在企业所得税前摊销扣除。

（4）适用递延纳税政策的企业，为实行查账征收的居民企业且以技术成果所有权投资。

（5）企业接受技术成果投资入股，技术成果评估值明显不合理的，主管税务机关有权进行调整。

3.5 企业重组其他税收政策

3.5.1 增值税政策

《国家税务总局关于纳税人资产重组有关增值税问题的公告》（国家税务总局公告2011年第13号）规定：纳税人在资产重组过程中，通过合并、分立、出售、置换等方式，将全部或者部分实物资产以及与其相关联的债权、负债和劳动力一并转让给其他单位和个人，不属于增值税的征税范围，其中涉及的货物转让，不征收增值税。

《国家税务总局关于纳税人资产重组有关增值税问题的公告》（国家税务总局公告2013年第66号）规定：纳税人在资产重组过程中，通过合并、分立、出售、置换等方式，将全部或者部分实物资产以及与其相关联的债权、负债经多次转让后，最终的受让方与劳动力接收方为同一单位和个人的，仍适用《国家税务总局关于纳税人资产重组有关增值税问题的公告》（国家税务总局公告2011年第13号）的相关规定，其中货物的多次转让行为均不征收增值税。

3.5.2　土地增值税政策

（1）企业按照《中华人民共和国公司法》有关规定整体改制，包括非公司制企业改制为有限责任公司或股份有限公司，有限责任公司变更为股份有限公司，股份有限公司变更为有限责任公司，对改制前的企业将国有土地使用权、地上的建筑物及其附着物（以下称房地产）转移、变更到改制后的企业，暂不征土地增值税。所称整体改制是指不改变原企业的投资主体，并承继原企业权利、义务的行为。

（2）按照法律规定或者合同约定，两个或两个以上企业合并为一个企业，且原企业投资主体存续的，对原企业将房地产转移、变更到合并后的企业，暂不征土地增值税。

（3）按照法律规定或者合同约定，企业分设为两个或两个以上与原企业投资主体相同的企业，对原企业将房地产转移、变更到分立后的企业，暂不征土地增值税。

（4）单位、个人在改制重组时以房地产作价入股进行投资，对其将房地产转移、变更到被投资的企业，暂不征土地增值税。

风险提示

（1）上述改制重组有关土地增值税政策不适用于房地产转移任意一方为房地产开发企业的情形。

（2）所称不改变原企业投资主体、投资主体相同，是指企业改制重组前后出资人不发生变动，出资人的出资比例可以发生变动；投资主体存续，是指原企业出资人必须存在于改制重组后的企业，出资人的出资比例可以发生变动。

3.5.3　契税政策

（1）企业改制。企业按照《中华人民共和国公司法》有关规定整体改制，包括非公司制企业改制为有限责任公司或股份有限公司，有限责任公司变更为股份有限公司，股份有限公司变更为有限责任公司，原企业投资主体存续并在改制（变更）后的公司中所持股权（股份）比例超过75%，且改制（变更）后公司承继原企业权利、义务的，对改制（变更）后公司承受原企业土地、房屋权属，免征契税。

（2）事业单位改制。事业单位按照国家有关规定改制为企业，原投资主体存续并在改制后企业中出资（股权、股份）比例超过50%的，对改制后企业承受原事业单位土地、房屋权属，免征契税。

（3）公司合并。两个或两个以上的公司，依照法律规定、合同约定，合并为一个公司，且原投资主体存续的，对合并后公司承受原合并各方土地、房屋权属，免征契税。

（4）公司分立。公司依照法律规定、合同约定分立为两个或两个以上与原公司投资主体相同的公司，对分立后公司承受原公司土地、房屋权属，免征契税。

（5）企业破产。企业依照有关法律法规规定实施破产，债权人（包括破产企业职工）承受破产企业抵偿债务的土地、房屋权属，免征契税；对非债权人承受破产企业土地、房屋权属，凡按照《中华人民共和国劳动法》等国家有关法律法规政策规定妥善安置原企业全部职工，与原企业全部职工签订服务年限不少于三年的劳动用工合同的，对其承受所购企业土地、房屋权属，免征契税；与原企业超过30%的职工签订服务年限不少于三年的劳动用工合同的，减半征收契税。

（6）资产划转。对承受县级以上人民政府或国有资产管理部门按规定进行行政性调整、划转国有土地、房屋权属的单位，免征契税。同一投资主体内部所属企业之间土地、房屋权属的划转，包括母公司与其全资子公司之间，同一公司所属全资子公司之间，同一自然人与其设立的个人独资企业、一人有限公司之间土地、房屋权属的划转，免征契税。母公司以土地、房屋权属向其全资子公司增资，视同划转，免征契税。

（7）债权转股权。经国务院批准实施债权转股权的企业，对债权转股权后新设立的公司承受原企业的土地、房屋权属，免征契税。

（8）划拨用地出让或作价出资。以出让方式或国家作价出资（入股）方式承受原改制重组企业、事业单位划拨用地的，不属上述规定的免税范围，对承受方应按规定征收契税。

（9）公司股权（股份）转让。在股权（股份）转让中，单位、个人承受公司股权（股份），公司土地、房屋权属不发生转移，不征收契税。

风险提示

（1）所称企业、公司，是指依照我国有关法律法规设立并在中国境内注册的企业、公司。

（2）所称投资主体存续，是指原改制重组企业、事业单位的出资人必须存在于改制重组后的企业，出资人的出资比例可以发生变动。

（3）所称投资主体相同，是指公司分立前后出资人不发生变动，出资人的出资比例可以发生变动。

3.5.4 印花税

自2018年5月1日起，对按万分之五税率贴花的资金账簿减半征收印花税，对按件贴花五元的其他账簿免征印花税。

（1）关于资金账簿的印花税

实行公司制改造的企业在改制过程中成立的新企业（重新办理法人登记的），其新启用的资金账簿记载的资金或因企业建立资本纽带关系而增加的资金，凡原已贴花的部分可不再贴花，未贴花的部分和以后新增加的资金按规定贴花。公司制改造包括国有企业依《中华人民共和国公司法》整体改造成国有独资有限责任公司；企业通过增资扩股或者转让部分产权，实现他人对企业的参股，将企业改造成有限责任公司或股份有限公司；企业以其部分财产和相应债务与他人组建新公司；企业将债务留在原企业，而以其优质财产与他人组建的新公司。

以合并或分立方式成立的新企业，其新启用的资金账簿记载的资金，凡原已贴花的部分可不再贴花，未贴花的部分和以后新增加的资金按规定贴花。合并包括吸收合并和新设合并。分立包括存续分立和新设分立。

企业债权转股权新增加的资金按规定贴花。

企业改制中经评估增加的资金按规定贴花。

企业其他会计科目记载的资金转为实收资本或资本公积的资金按规定贴花。

（2）关于各类应税合同的印花税

企业改制前签订但尚未履行完的各类应税合同，改制后需要变更执行主体的，对仅改变执行主体、其余条款未作变动且改制前已贴花的，不再贴花。

（3）关于产权转移书据的印花税

企业因改制签订的产权转移书据免予贴花。

3.6 股权（票）转让税收政策

3.6.1 增值税政策

（1）对中国香港市场投资者（包括单位和个人）通过深港通买卖深交所上市A股取得的差价收入，在营改增试点期间免征增值税。

对内地个人投资者通过深港通买卖香港联交所上市股票取得的差价收入，在营改增试点期间免征增值税。

对内地单位投资者通过深港通买卖香港联交所上市股票取得的差价收入，在营改增试点期间按现行政策规定免征增值税。

（2）对个人投资者转让创新企业CDR取得的差价收入，暂免征收增值税。

对单位投资者转让创新企业CDR取得的差价收入，按金融商品转让政策规定免征增值税。

自首只创新企业CDR取得国务院证券监督管理机构的发行批文之日起，对公募证券投资基金（封闭式证券投资基金、开放式证券投资基金）管理人运营基金过程中转让创新企业CDR取得的差价收入，三年内暂免征收增值税。

对合格境外机构投资者（QFII）、人民币合格境外机构投资者（RQFII）委托境内公司转让创新企业CDR取得的差价收入，暂免征收增值税。

3.6.2 企业所得税政策

3.6.2.1 基本规定

企业转让股权收入，应于转让协议生效且完成股权变更手续时，确认收入的实现。转让股权收入扣除为取得该股权所发生的成本后，为股权转让所得。

例3-23 2019年9月，居民企业A取得居民企业B的10%股权，成交价格为300万元。2021年，A企业将该股权以600万元转让给居民企业C，完成股权变更手续，假定均以公允价格转让，不考虑其他因素。那么A企业2021年股权转让所得应纳税额=（600-300）×25%=75（万元）。

风险提示

企业在计算股权转让所得时，不得扣除被投资企业未分配利润等股东留存收益中按该项股权所可能分配的金额。

3.6.2.2 非居民企业所得税政策

股权转让收入减除股权净值后的余额为股权转让所得应纳税所得额。股权转让收入是指股权转让人转让股权所收取的对价，包括货币形式和非货币形式的各种收入。股权净值是指取得该股权的计税基础。股权的计税基础是股权转让人投资入股时向中国居民企业实际支付的出资成本，或购买该项股权时向该股权的原转让人实际支付的股权受让成本。

例 3-24 2019年9月，非居民企业A取得居民企业B的15%股权，成交价格为300万元。2021年，A企业将该股权以600万元转让给居民企业C，完成股权变更手续，假定均以公允价格转让，不考虑其他因素。那么非居民A企业2021年股权转让所得应纳税额=（600-300）×10%=30（万元）。

财产转让收入或财产净值以人民币以外的货币计价的，分扣缴义务人扣缴税款、纳税人自行申报缴纳税款和主管税务机关责令限期缴纳税款三种情形，先将以非人民币计价项目金额按照以下方法折合成人民币金额；再按相关规定计算非居民企业财产转让所得应纳税所得额：

（1）扣缴义务人扣缴企业所得税的，应当按照扣缴义务发生之日人民币汇率中间价折合成人民币，计算非居民企业应纳税所得额。扣缴义务发生之日为相关款项实际支付或者到期应支付之日。

（2）取得收入的非居民企业在主管税务机关责令限期缴纳税款前自行申报缴纳应源泉扣缴税款的，应当按照填开税收缴款书之日前一日人民币汇率中间价折合成人民币，计算非居民企业应纳税所得额。

（3）主管税务机关责令取得收入的非居民企业限期缴纳应源泉扣缴税款的，应当按照主管税务机关作出限期缴税决定之日前一日人民币汇率中间价折合成人民币，计算非居民企业应纳税所得额。财产净值或财产转让收入的计价货币按照取得或转让财产时实际支付或收取的计价币种确定。原计价币种停止流通并启用新币种的，按照新旧货币市场转换比例转换为新币种后进行计算。

风险提示

（1）股权在持有期间发生减值或者增值，按照国务院财政、税务主管部门规定可以确认损益的，股权净值应进行相应调整。

（2）企业在计算股权转让所得时，不得扣除被投资企业未分配利润等股东留存收益中按该项股权可能分配的金额。

（3）多次投资或收购的同项股权被部分转让的，从该项股权全部成本中按照转让比例计算确定被转让股权对应的成本。

3.6.2.3 其他规定

（1）对内地企业投资者通过沪港通投资香港联交所上市股票取得的转让差价所得，计入其收入总额，依法征收企业所得税。

（2）对内地企业投资者通过深港通投资香港联交所上市股票取得的转让差价所得，计入其收入总额，依法征收企业所得税。

（3）对企业投资者转让创新企业CDR取得的差价所得，按转让股票差价所得政策规定免征企业所得税。

对公募证券投资基金（封闭式证券投资基金、开放式证券投资基金）转让创新企业CDR取得的差价所得，按公募证券投资基金税收政策规定暂不征收企业所得税。

对合格境外机构投资者（QFII）、人民币合格境外机构投资者（RQFII）转让创新企业CDR取得的差价所得，视同转让据以发行创新企业CDR的基础股票取得的权益性资产转让所得免征企业所得税。

3.6.3 个人所得税政策

3.6.3.1 基本规定

财产转让所得，以转让财产的收入额减除财产原值和合理费用后的余额，为应纳税所得额。个人转让股权需按“财产转让所得”缴纳个人所得税，税率20%。应纳税所得额=财产转让收入-财产原值-转让中发生的合理税费，应缴税额=应纳税所得额×20%。

例3-25 *2019年9月，自然人A取得居民企业B的10%股权，成交价格为300万元。2021年，自然人A将该股权以600万元转让给居民企业C，完成股权变更手续，假定均以公允价格转让，不考虑其他因素。那么自然人A2021年股权转让所得应纳税额=（600-300）×20%=60（万元）。*

对个人在上海证券交易所、深圳证券交易所转让从上市公司公开发行和转让市场取得的上市公司股票所得，免征个人所得税。

3.6.3.2 个人转让全国中小企业股份转让系统挂牌公司股票

自2018年11月1日（含）起，对个人转让新三板挂牌公司非原始股取得的所得，暂免征收个人所得税。非原始股是指个人在新三板挂牌公司挂牌后取得的股票，以及由上述股票孳生的送、转股。

对个人转让新三板挂牌公司原始股取得的所得，按照“财产转让所得”，适用20%的比例税率征收个人所得税。原始股是指个人在新三板挂牌公司挂牌前取得的股票，以及在该公司挂牌前和挂牌后由上述股票孳生的送、转股。

风险提示

（1）2019年9月1日之前，个人转让新三板挂牌公司原始股的个人所得税，征收管理办法按照现行股权转让所得有关规定执行，以股票受让方为扣缴义务人，由被投资企业所在地税务机关负责征收管理。

（2）自2019年9月1日（含）起，个人转让新三板挂牌公司原始股的个人所得税，以股票托管的证券机构为扣缴义务人，由股票托管的证券机构所在地主管税务机关负责征收管理。

3.6.3.3　其他规定

（1）对内地个人投资者通过深港通投资香港联交所上市股票取得的转让差价所得，自2016年12月5日起至2019年12月4日止，暂免征收个人所得税。

（2）对内地个人投资者通过沪港通投资香港联交所上市股票取得的转让差价所得，自2014年11月17日起至2017年11月16日止，暂免征收个人所得税。

（3）自首只创新企业CDR取得国务院证券监督管理机构的发行批文之日起，对个人投资者转让创新企业CDR取得的差价所得，三年（36个月）内暂免征收个人所得税。

3.6.4　其他税收政策

（1）香港市场投资者通过沪港通买卖、继承、赠与上交所上市A股，按照内地现行税制规定缴纳证券（股票）交易印花税。内地投资者通过沪港通买卖、继承、赠与联交所上市股票，按照香港特别行政区现行税法规定缴纳印花税。

（2）香港市场投资者通过深港通买卖、继承、赠与深交所上市A股，按照内地现行税制规定缴纳证券（股票）交易印花税。内地投资者通过深港通买卖、继承、赠与联交所上市股票，按照香港特别行政区现行税法规定缴纳印花税。

对香港市场投资者通过沪股通和深股通参与股票担保卖空涉及的股票借入、归还，暂免征收证券（股票）交易印花税。

（3）自首只创新企业CDR取得国务院证券监督管理机构的发行批文之日内三年内，在上海证券交易所、深圳证券交易所转让创新企业CDR，按照实际成交金额，由出让方按1‰的税率缴纳证券交易印花税。

3.7　限售股转让税收政策

3.7.1　增值税政策

限售股转让属于“金融商品转让”，通过卖出价扣除买入价后的余额为销售额计算销项税金。

单位将其持有的限售股在解禁流通后对外转让的，按照以下规定确定买入价：

（1）上市公司实施股权分置改革时，在股票复牌之前形成的原非流通股股份，以及股票复牌首日至解禁日期间由上述股份孳生的送、转股，以该上市公司完成股权分置改革后股票复牌首日的开盘价为买入价。

（2）公司首次公开发行股票并上市形成的限售股，以及上市首日至解禁日期间由上述股份孳生的送、转股，以该上市公司股票首次公开发行（IPO）的发行价为买入价。

（3）因上市公司实施重大资产重组形成的限售股，以及股票复牌首日至解禁日期间由上述股份孳生的送、转股，以该上市公司因重大资产重组股票停牌前一交易日的收盘价为买入价。

3.7.2 企业所得税政策

因股权分置改革造成原由个人出资而由企业代持有的限售股，企业在转让时按以下规定处理：

（1）企业转让上述限售股取得的收入，应作为企业应税收入计算纳税。

上述限售股转让收入扣除限售股原值和合理税费后的余额为该限售股转让所得。企业未能提供完整、真实的限售股原值凭证，不能准确计算该限售股原值的，主管税务机关一律按该限售股转让收入的15%，核定为该限售股原值和合理税费。依照上述规定完成纳税义务后的限售股转让收入余额转付给实际所有人时不再纳税。

（2）依法院判决、裁定等原因，通过证券登记结算公司，企业将其代持的个人限售股直接变更到实际所有人名下的，不视同转让限售股。

企业在限售股解禁前将其持有的限售股转让给其他企业或个人，其企业所得税问题按以下规定处理：

（1）企业应按减持在证券登记结算机构登记的限售股取得的全部收入，计入企业当年度应税收入计算纳税。

（2）企业持有的限售股在解禁前已签订协议转让给受让方，但未变更股权登记、仍由企业持有的，企业实际减持该限售股取得的收入，按照规定纳税后，其余额转付给受让方的，受让方不再纳税。

3.7.3 个人所得税政策

自2010年1月1日起，对个人转让限售股取得的所得，按照“财产转让所得”，适用20%的比例税率征收个人所得税。

个人转让限售股，以每次限售股转让收入减除股票原值和合理税费后的余额为应纳税所得额。即：

应纳税所得额=限售股转让收入-（限售股原值+合理税费）

应纳税额 = 应纳税所得额×20%

风险提示

（1）限售股转让收入，是指转让限售股股票实际取得的收入。限售股原值，是指限售股买入时的买入价及按照规定缴纳的有关费用。合理税费，是指转让限售股过程中发生的印花税、佣金、过户费等与交易相关的税费。

（2）如果纳税人未能提供完整、真实的限售股原值凭证，不能准确计算限售股原值的，主管税务机关一律按限售股转让收入的15%核定限售股原值及合理税费。

（3）限售股转让所得个人所得税，以限售股持有者为纳税义务人，以个人股东开户的证券机构为扣缴义务人。限售股个人所得税由证券机构所在地主管税务机关负责征收管理。

（4）纳税人同时持有限售股及该股流通股的，其股票转让所得，按照限售股优先原则，即：转让股票视同先转让限售股，按规定计算缴纳个人所得税。

3.8 转增股本税收政策

3.8.1 企业所得税政策

被投资企业将股权（票）溢价所形成的资本公积转为股本的，不作为投资方企业的股息、红利收入，投资方企业也不得增加该项长期投资的计税基础。

3.8.2 个人所得税政策

（1）股份制企业用资本公积金转增股本不属于股息、红利性质的分配，对个人取得的转增股本数额，不作为个人所得，不征收个人所得税。股份制企业用盈余公积金派发红股属于股息、红利性质的分配，对个人取得的红股数额，应作为个人所得征税。

（2）上市公司或在全国中小企业股份转让系统挂牌的企业转增股本（不含以股票发行溢价形成的资本公积转增股本），按现行有关股息红利差别化政策执行。

（3）自2016年1月1日起，非上市及未在全国中小企业股份转让系统挂牌的中小高新技术企业以未分配利润、盈余公积、资本公积向个人股东转增股本时，个人股东一次缴纳个人所得税确有困难的，可根据实际情况自行制订分期缴税计划，在不超过5个公历年度内（含）分期缴纳，并将有关资料报主管税务机关备案。

中小高新技术企业是在中国境内注册的实行查账征收的、经认定取得高新技术企业资格，且年销售额和资产总额均不超过 2 亿元、从业人数不超过 500 人的企业。

3.9 企业融资所得税政策

3.9.1 基本规定

(1) 关联方借款

企业如果能够按照税法及其实施条例的有关规定提供相关资料，并证明相关交易活动符合独立交易原则的；或者该企业的实际税负不高于境内关联方的，其实际支付给境内关联方的利息支出，在计算应纳税所得额时准予扣除。

除上述规定情形外，在计算应纳税所得额时，企业实际支付给关联方的利息支出，不超过“金融企业 5 : 1，其他企业 2 : 1”的接受关联方债权性投资与其权益性投资比例，同时符合税法及其实施条例有关规定计算的部分，准予扣除，超过的部分不得在发生当期和以后年度扣除。

(2) 非金融企业向非金融企业借款

非金融企业向非金融企业借款的利息支出，不超过按照金融企业同期同类贷款利率计算的数额的部分，准予税前扣除。

“金融企业的同期同类贷款利率”，指在签订该借款合同当时，本省任何一家金融企业提供同期同类贷款利率情况。该金融企业应为经政府有关部门批准成立的可以从事贷款业务的企业，包括银行、财务公司、信托公司等金融机构。“同期同类贷款利率”是指在贷款期限、贷款金额、贷款担保以及企业信誉等条件基本相同下，金融企业提供贷款的利率。既可以是金融企业公布的同期同类平均利率，也可以是金融企业对某些企业提供的实际贷款利率。

(3) 企业向自然人借款

企业向股东或其他与企业有关联关系的自然人借款的利息支出，应根据《企业所得税法》第四十六条及《财政部 国家税务总局关于企业关联方利息支出税前扣除标准有关税收政策问题的通知》(财税〔2008〕121 号) 规定的条件，计算企业所得税扣除额。

企业向除上述规定以外的内部职工或其他人员借款的利息支出，其借款情况同时符合以下条件的，其利息支出在不超过按照金融企业同期同类贷款利率计算的数额的部分，根据税法第八条和税法实施条例第二十七条的规定，准予扣除。

①企业与个人之间的借贷是真实、合法、有效的，并且不具有非法集资目的或其他违反法律、法规的行为；

②企业与个人之间签订了借款合同。

3.9.2 混合性投资

符合规定条件的混合性投资业务，按下列规定进行企业所得税处理：

（1）对于被投资企业支付的利息，投资企业应于被投资企业应付利息的日期，确认收入的实现并计入当期应纳税所得额；被投资企业应于应付利息的日期，确认利息支出，并按税法和《国家税务总局关于企业所得税若干问题的公告》（国家税务总局公告2011年第34号）第一条的规定，进行税前扣除。

（2）对于被投资企业赎回的投资，投资双方应于赎回时将赎价与投资成本之间的差额确认为债务重组损益，分别计入当期应纳税所得额。

风险提示

企业混合性投资业务，是指兼具权益和债权双重特性的投资业务。符合规定条件的混合性投资业务，是指同时符合下列条件：

（1）被投资企业接受投资后，需要按投资合同或协议约定的利率定期支付利息（或定期支付保底利息、固定利润、固定股息）；

（2）有明确的投资期限或特定的投资条件，并在投资期满或者满足特定投资条件后，被投资企业需要赎回投资或偿还本金；

（3）投资企业对被投资企业净资产不拥有所有权；

（4）投资企业不具有选举权和被选举权；

（5）投资企业不参与被投资企业日常生产经营活动。

3.9.3 可转换债券

（1）购买方企业的税务处理

购买方企业购买可转换债券，在其持有期间按照约定利率取得的利息收入，应当依法申报缴纳企业所得税。购买方企业可转换债券转换为股票时，将应收未收利息一并转为股票的，该应收未收利息即使会计上未确认收入，税收上也应当作为当期利息收入申报纳税；转换后以该债券购买价、应收未收利息和支付的相关税费为该股票投资成本。

（2）发行方企业的税务处理

发行方企业发生的可转换债券的利息，按照规定在税前扣除。发行方企业按照约定将购买方持有的可转换债券和应付未付利息一并转为股票的，其应付未付利息视同已支付，按照规定在税前扣除。

3.9.4 永续债

企业发行的永续债，可以适用股息、红利企业所得税政策，即：投资方取得的永续债利息收入属于股息、红利性质，同时发行方支付的永续债利息支出不得在企业所得税税前扣除。企业发行符合规定条件的永续债，也可以按照债券利息适用企业所得税政策，即：发行方支付的永续债利息支出准予在其企业所得税税前扣除；投资方取得的永续债利息收入应当依法纳税。

符合规定条件的永续债，是指符合下列条件中5条（含）以上的永续债：

（1）被投资企业对该项投资具有还本义务；

（2）有明确约定的利率和付息频率；

（3）有一定的投资期限；

（4）投资方对被投资企业净资产不拥有所有权；

（5）投资方不参与被投资企业日常生产经营活动；

（6）被投资企业可以赎回，或满足特定条件后可以赎回；

（7）被投资企业将该项投资计入负债；

（8）该项投资不承担被投资企业股东同等的经营风险；

（9）该项投资的清偿顺序位于被投资企业股东持有的股份之前。

风险提示

（1）发行永续债的企业对每一永续债产品的税收处理方法一经确定，不得变更。企业对永续债采取的税收处理办法与会计核算方式不一致的，发行方、投资方在进行税收处理时须作出相应纳税调整。

（2）企业发行永续债，应当将其适用的税收处理方法在证券交易所、银行间债券市场等发行市场的发行文件中向投资方予以披露。

（3）永续债是指经国家发展和改革委员会、中国人民银行、中国银行保险监督管理委员会、中国证券监督管理委员会核准，或经中国银行间市场交易商协会注册、中国证券监督管理委员会授权的证券自律组织备案，依照法定程序发行、附赎回（续期）选择权或无明确到期日的债券，包括可续期企业债、可续期公司债、永续债务融资工具（含永续票据）、无固定期限资本债券等。

3.10 企业分红税收政策

3.10.1 企业所得税政策

（1）居民企业直接投资于其他居民企业取得的权益性投资收益为免税收入。所称股息、红利等权益性投资收益，不包括连续持有居民企业公开发行并上市流通的股票不足12个月取得的投资收益。

（2）非境内注册居民企业从中国境内其他居民企业取得的股息、红利等权益性投资收益，按照《企业所得税法》第二十六条和《实施条例》第八十三条的规定，作为其免税收入。

（3）对内地企业投资者通过沪港通投资香港联交所上市股票取得的股息红利所得，计入其收入总额，依法计征企业所得税。其中，内地居民企业连续持有H股满12个月取得的股息红利所得，依法免征企业所得税。

（4）对内地企业投资者通过深港通投资香港联交所上市股票取得的股息红利所得，计入其收入总额，依法计征企业所得税。其中，内地居民企业连续持有H股满12个月取得的股息红利所得，依法免征企业所得税。

（5）对企业投资者持有创新企业CDR取得的股息红利所得，按持有股票的股息红利所得政策规定免征企业所得税。

对公募证券投资基金（封闭式证券投资基金、开放式证券投资基金）持有创新企业CDR取得的股息红利所得，按公募证券投资基金税收政策规定暂不征收企业所得税。

对合格境外机构投资者（QFII）、人民币合格境外机构投资者（RQFII）持有创新企业CDR取得的股息红利所得，视同持有据以发行创新企业CDR的基础股票取得的股息红利所得免征企业所得税。

（6）企业发行的永续债，可以适用股息、红利企业所得税政策，即：投资方取得的永续债利息收入属于股息、红利性质，按照现行企业所得税政策相关规定进行处理，其中，发行方和投资方均为居民企业的，永续债利息收入可以适用《企业所得税法》规定的居民企业之间的股息、红利等权益性投资收益免征企业所得税规定；同时发行方支付的永续债利息支出不得在企业所得税税前扣除。

风险提示

企业权益性投资取得股息、红利等收入，应以被投资企业股东会或股东大会作出利润分配或转股决定的日期，确定收入的实现。

3.10.2 个人所得税政策

（1）基本规定。

个人从公开发行和转让市场取得的上市公司股票，持股期限超过1年的，股息红利所得暂免征收个人所得税。

个人从公开发行和转让市场取得的上市公司股票，持股期限在1个月以内（含1个月）的，其股息红利所得全额计入应纳税所得额；持股期限在1个月以上至1年（含1年）的，暂减按50%计入应纳税所得额；上述所得统一适用20%的税率计征个人所得税。

（2）对内地个人投资者通过沪港通投资香港联交所上市H股和非H股取得的股息红利，按照20%的税率征收个人所得税。

对内地证券投资基金通过沪港通投资香港联交所上市股票取得的股息红利所得，按照20%的税率征收个人所得税。

（3）对内地个人投资者通过深港通投资香港联交所上市H股和非H股取得的股息红利，按照20%的税率征收个人所得税。

对内地证券投资基金通过深港通投资香港联交所上市股票取得的股息红利，按照20%的税率征收个人所得税。

（4）自首只创新企业CDR取得国务院证券监督管理机构的发行批文之日起，对个人投资者持有创新企业CDR取得的股息红利，三年内按照持有境内上市公司股票规则实施股息红利差别化个人所得税政策。

（5）个人持有全国中小企业股份转让系统挂牌公司的股票，持股期限在1个月以内（含1个月）的，其股息红利所得全额计入应纳税所得额；持股期限在1个月以上至1年（含1年）的，其股息红利所得暂减按50%计入应纳税所得额。上述所得统一适用20%的税率计征个人所得税。所称挂牌公司是指股票在全国中小企业股份转让系统公开转让的非上市公众公司；持股期限是指个人取得挂牌公司股票之日至转让交割该股票之日前一日的持有时间。

3.11 股权激励税收政策

3.11.1 企业所得税政策

自2012年7月1日起，上市公司依照《上市公司股权激励管理办法（试行）》（以下简称《管理办法》）的要求建立职工股权激励计划，并按我国企业会计准则的有关规定，在股权激励计划授予激励对象时，按照该股票的公允价格及数量，计算确定作为上市公司相关年度的成本或费用，作为换取激励对象提供服务的对价。上述企业建立的职工股权激励计划，其企业所得税的处理，按以下规定执行：

（1）对股权激励计划实行后立即可以行权的，上市公司可以根据实际行权时该股票的公允价格与激励对象实际行权支付价格的差额和数量，计算确定作为当年上市公司工资薪金支出，依照税法规定进行税前扣除。

（2）对股权激励计划实行后，需待一定服务年限或者达到规定业绩条件方可行权的，上市公司等待期内会计上计算确认的相关成本费用，不得在对应年度计算缴纳企业所得税时扣除。在股权激励计划可行权后，上市公司方可根据该股票实际行权时的公允价格与当年激励对象实际行权支付价格的差额及数量，计算确定作为当年上市公司工资薪金支出，依照税法规定进行税前扣除。

（3）股票实际行权时的公允价格，以实际行权日该股票的收盘价格确定。

风险提示

（1）上述股权激励，是指《管理办法》中规定的上市公司以本公司股票为标的，对其董事、监事、高级管理人员及其他员工（以下简称激励对象）进行的长期性激励。股权激励实行方式包括授予限制性股票、股票期权以及其他法律法规规定的方式。

限制性股票，是指《管理办法》中规定的激励对象按照股权激励计划规定的条件，从上市公司获得的一定数量的本公司股票。

股票期权，是指《管理办法》中规定的上市公司按照股权激励计划授予激励对象在未来一定期限内，以预先确定的价格和条件购买本公司一定数量股票的权利。

（2）在我国境外上市的居民企业和非上市公司，凡比照《管理办法》的规定建立职工股权激励计划，且在企业会计处理上，也按我国企业会计准则的有关规定处理的，其股权激励计划有关企业所得税处理问题，可以按照上述规定执行。

3.11.2 个人所得税政策

3.11.2.1 基本规定

居民个人取得股票期权、股票增值权、限制性股票、股权奖励等股权激励，符合规定的相关条件的，在2022年12月31日前，不并入当年综合所得，全额单独适用综合所得税率表，计算纳税。计算公式为：

应纳税额=股权激励收入×适用税率-速算扣除数

3.11.2.2 科研机构、高等学校股权奖励延期缴纳个人所得税

自1999年7月1日起，科研机构、高等学校转化职务科技成果以股份或出资比例等股权形式给予个人奖励，获奖人在取得股份、出资比例时，暂不缴纳个人所得税；取得按股份、出资比例分红或转让股权、出资比例所得时，应依法缴纳个人所得税。

风险提示

个人获得科研机构、高等学校转化职务科技成果以股份或出资比例等股权形式给予的奖励。享受上述优惠政策的科技人员必须是科研机构和高等学校的在编正式职工。

3.11.2.3 高新技术企业技术人员股权奖励分期缴纳个人所得税

自2016年1月1日起，高新技术企业转化科技成果，给予本企业相关技术人员的股权奖励，个人一次缴纳税款有困难的，可根据实际情况自行制订分期缴税计划，在不超过5个公历年度内（含）分期缴纳，并将有关资料报主管税务机关备案。

风险提示

（1）实施股权激励的企业是查账征收和经省级高新技术企业认定管理机构认定的高新技术企业。

（2）必须是转化科技成果实施的股权奖励。

（3）相关技术人员，是指经公司董事会和股东（大）会决议批准获得股权奖励的以下两类人员：

一是对企业科技成果研发和产业化作出突出贡献的技术人员，包括企业内关键职务科技成果的主要完成人、重大开发项目的负责人、对主导产品或者核心技术、工艺流程作出重大创新或者改进的主要技术人员。

二是对企业发展作出突出贡献的经营管理人员，包括主持企业全面生产经营工作的高级管理人员，负责企业主要产品（服务）生产经营合计占主营业务收入（或者主营业务利润）50%以上的中、高级经营管理人员。

3.11.2.4 获得非上市公司股票期权、股权期权、限制性股票和股权奖励递延缴纳个人所得税

自2016年9月1日起，符合规定条件的，向主管税务机关备案，可实行递延纳税政策，即员工在取得股权激励时可暂不纳税，递延至转让该股权时纳税；股权

转让时，按照股权转让收入减除股权取得成本以及合理税费后的差额，适用“财产转让所得”项目，按照20%的税率计算缴纳个人所得税。

风险提示

享受递延纳税政策的非上市公司股权激励（包括股票期权、股权期权、限制性股票和股权奖励）须同时满足以下条件：

（1）属于境内居民企业的股权激励计划。

（2）股权激励计划经公司董事会、股东（大）会审议通过。未设股东（大）会的国有单位，经上级主管部门审核批准。股权激励计划应列明激励目的、对象、标的、有效期、各类价格的确定方法、激励对象获取权益的条件、程序等。

（3）激励标的应为境内居民企业的本公司股权。股权奖励的标的可以是技术成果投资入股到其他境内居民企业所取得的股权。激励标的股票（权）包括通过增发、大股东直接让渡以及法律法规允许的其他合理方式授予激励对象的股票（权）。

（4）激励对象应为公司董事会或股东（大）会决定的技术骨干和高级管理人员，激励对象人数累计不得超过本公司最近6个月在职职工平均人数的30%。

（5）股票（权）期权自授予日起应持有满3年，且自行权日起持有满1年；限制性股票自授予日起应持有满3年，且解禁后持有满1年；股权奖励自获得奖励之日起应持有满3年。上述时间条件须在股权激励计划中列明。

（6）股票（权）期权自授予日至行权日的时间不得超过10年。

（7）实施股权奖励的公司及其奖励股权标的公司所属行业均不属于《股权奖励税收优惠政策限制性行业目录》范围。公司所属行业按公司上一纳税年度主营业务收入占比最高的行业确定。

3.11.2.5 获得上市公司股票期权、限制性股票和股权奖励适当延长纳税期限

自2016年9月1日起，上市公司授予个人的股票期权、限制性股票和股权奖励，经向主管税务机关备案，个人可自股票期权行权、限制性股票解禁或取得股权奖励之日起，在不超过12个月的期限内缴纳个人所得税。

本章相关政策附录

3.1 六类重组企业所得税政策

1.《财政部 国家税务总局关于企业重组业务企业所得税处理若干问题的通知》（财税〔2009〕59号）

2.《国家税务总局关于发布〈企业重组业务企业所得税管理办法〉的公告》（国家税务总局公告2010年第4号）

3.《国家税务总局关于企业重组业务企业所得税征收管理若干问题的公告》(国家税务总局公告2015年第48号)

4.《财政部 国家税务总局关于企业清算业务企业所得税处理若干问题的通知》(财税〔2009〕60号)

3.2 资产(股权)划转企业所得税政策

1.《财政部 国家税务总局关于促进企业重组有关企业所得税处理问题的通知》(财税〔2014〕109号)

2.《国家税务总局关于资产(股权)划转企业所得税征管问题的公告》(国家税务总局公告2015年第40号)

3.3 非货币性资产投资所得税政策

1.《财政部 国家税务总局关于非货币性资产投资企业所得税政策问题的通知》(财税〔2014〕116号)

2.《国家税务总局关于非货币性资产投资企业所得税有关征管问题的公告》(国家税务总局公告2015年第33号)

3.《财政部 国家税务总局关于个人非货币性资产投资有关个人所得税政策的通知》(财税〔2015〕41号)

4.《国家税务总局关于个人非货币性资产投资有关个人所得税征管问题的公告》(国家税务总局公告2015年第20号)

3.4 技术成果投资入股所得税政策

1.《财政部 国家税务总局关于完善股权激励和技术入股有关所得税政策的通知》(财税〔2016〕101号)

2.《国家税务总局关于股权激励和技术入股所得税征管问题的公告》(国家税务总局公告2016年第62号)

3.5 企业重组其他税收政策

1.《国家税务总局关于纳税人资产重组有关增值税问题的公告》(国家税务总局公告2011年第13号)

2.《国家税务总局关于纳税人资产重组有关增值税问题的公告》(国家税务总局公告2013年第66号)

3.《财政部 税务总局关于继续实施企业改制重组有关土地增值税政策的公告》(财政部 税务总局公告2021年第21号)

4.《财政部 税务总局关于继续执行企业 事业单位改制重组有关契税政策的公告》(财政部 税务总局公告2021年第17号)

5.《财政部 税务总局关于对营业账簿减免印花税的通知》(财税〔2018〕50号)

6.《财政部 国家税务总局关于企业改制过程中有关印花税政策的通知》(财税〔2003〕183号)

3.6 股权（票）转让税收政策

1.《财政部 国家税务总局关于全面推开营业税改征增值税试点的通知》（财税〔2016〕36号）

2.《财政部 税务总局关于明确无偿转让股票等增值税政策的公告》（财政部 税务总局公告2020年第40号）

3.《财政部 国家税务总局 证监会关于沪港股票市场交易互联互通机制试点有关税收政策的通知》（财税〔2014〕81号）

4.《财政部 国家税务总局 证监会关于深港股票市场交易互联互通机制试点有关税收政策的通知》（财税〔2016〕127号）

5.《财政部 税务总局 证监会关于创新企业境内发行存托凭证试点阶段有关税收政策的公告》（财政部 税务总局 证监会公告2019年第52号）

6.《国家税务总局关于贯彻落实企业所得税法若干税收问题的通知》（国税函〔2010〕79号）

7.《国家税务总局关于非居民企业所得税源泉扣缴有关问题的公告》（国家税务总局公告2017年第37号）

8.《财政部 税务总局 证监会关于个人转让全国中小企业股份转让系统挂牌公司股票有关个人所得税政策的通知》（财税〔2018〕137号）

9.《国家税务总局关于发布〈股权转让所得个人所得税管理办法（试行）〉的公告》（国家税务总局公告2014年第67号）

10.《财政部 国家税务总局关于个人转让股票所得继续暂免征收个人所得税的通知》（财税字〔1998〕61号）

3.7 限售股转让税收政策

1.《国家税务总局关于营改增试点若干征管问题的公告》（国家税务总局公告2016年第53号）

2.《国家税务总局关于企业转让上市公司限售股有关所得税问题的公告》（国家税务总局公告2011年第39号）

3.《财政部 国家税务总局 证监会关于个人转让上市公司限售股所得征收个人所得税有关问题的补充通知》（财税〔2010〕70号）

4.《财政部 国家税务总局 证监会关于个人转让上市公司限售股所得征收个人所得税有关问题的通知》（财税〔2009〕167号）

3.8 转增股本税收政策

1.《国家税务总局关于贯彻落实企业所得税法若干税收问题的通知》（国税函〔2010〕79号）

2.《财政部 国家税务总局关于将国家自主创新示范区有关税收试点政策推广到全国范围实施的通知》（财税〔2015〕116号）

3.《国家税务总局关于股权奖励和转增股本个人所得税征管问题的公告》

（国家税务总局公告2015年第80号）

4.《国家税务总局关于股份制企业转增股本和派发红股征免个人所得税的通知》（国税发〔1997〕198号）

3.9 企业融资所得税政策

1.《财政部 国家税务总局关于企业关联方利息支出税前扣除标准有关税收政策问题的通知》（财税〔2008〕121号）

2.《国家税务总局关于企业所得税若干问题的公告》（国家税务总局公告2011年第34号）

3.《国家税务总局关于企业向自然人借款的利息支出企业所得税税前扣除问题的通知》（国税函〔2009〕777号）

4.《国家税务总局关于企业混合性投资业务企业所得税处理问题的公告》（国家税务总局公告2013年第41号）

5.《国家税务总局关于企业所得税若干政策征管口径问题的公告》（国家税务总局公告2021年第17号）

6.《财政部 税务总局关于永续债企业所得税政策问题的公告》（财政部 税务总局公告2019年第64号）

3.10 企业分红税收政策

1.《中华人民共和国企业所得税法》第二十六条

2.《中华人民共和国企业所得税法实施条例》第八十三条

3.《国家税务总局关于贯彻落实企业所得税法若干税收问题的通知》（国税函〔2010〕79号）

4.《国家税务总局关于境外注册中资控股企业依据实际管理机构标准认定为居民企业有关问题的通知》（国税发〔2009〕82号）

5.《财政部 国家税务总局 证监会关于沪港股票市场交易互联互通机制试点有关税收政策的通知》（财税〔2014〕81号）

6.《财政部 国家税务总局 证监会关于深港股票市场交易互联互通机制试点有关税收政策的通知》（财税〔2016〕127号）

7.《财政部 税务总局 证监会关于创新企业境内发行存托凭证试点阶段有关税收政策的公告》（财政部 税务总局 证监会公告2019年第52号）

8.《财政部 税务总局关于永续债企业所得税政策问题的公告》（财政部 税务总局公告2019年第64号）

9.《财政部 国家税务总局 证监会关于上市公司股息红利差别化个人所得税政策有关问题的通知》（财税〔2015〕101号）

10.《财政部 国家税务总局 证监会关于实施上市公司股息红利差别化个人所得税政策有关问题的通知》（财税〔2012〕85号）

3.11 股权激励税收政策

1.《国家税务总局关于我国居民企业实行股权激励计划有关企业所得税处理问题的公告》（国家税务总局公告2012年第18号）

2.《财政部 税务总局关于个人所得税法修改后有关优惠政策衔接问题的通知》（财税〔2018〕164号）

3.《财政部 税务总局关于延续实施全年一次性奖金等个人所得税优惠政策的公告》（财政部 税务总局公告2021年第42号）

4.《财政部 国家税务总局关于促进科技成果转化有关税收政策的通知》（财税字〔1999〕45号）

5.《国家税务总局关于促进科技成果转化有关个人所得税问题的通知》（国税发〔1999〕125号）

6.《财政部 国家税务总局关于将国家自主创新示范区有关税收试点政策推广到全国范围实施的通知》（财税〔2015〕116号）

7.《国家税务总局关于股权奖励和转增股本个人所得税征管问题的公告》（国家税务总局公告2015年第80号）

8.《财政部 国家税务总局关于完善股权激励和技术入股有关所得税政策的通知》（财税〔2016〕101号）

9.《国家税务总局关于股权激励和技术入股所得税征管问题的公告》（国家税务总局公告2016年第62号）

4 其他税收政策风险管理

4.1 企业所得税税前扣除凭证

2008年，《企业所得税法》及其实施条例统一并规范了税前扣除范围和标准，但是未对税前扣除凭证作出系统规定和具体解释。税前扣除凭证种类多、源头广、情形多，征管实践中主要依据《中华人民共和国税收征收管理法》及其实施细则、《中华人民共和国发票管理办法》及其实施细则以及国家税务总局制定的税收规范性文件执行，存在管理规定较为分散、征纳双方认识存在分歧等情况。2018年，为了加强税前扣除凭证管理，规范税收执法，优化营商环境，国家税务总局制定发布了《企业所得税税前扣除凭证管理办法》（国家税务总局公告2018年第28号，本节以下简称《办法》）。《办法》对税前扣除凭证的相关概念、适用范围、管理原则、种类、基本情形税务处理、特殊情形税务处理等予以明确，统一认识、易于判断、利于操作，为征管实践提供了操作指南。企业应准确把握《办法》精神，避免税务风险。

4.1.1 税前扣除凭证的种类及适用情形

《办法》第八条、第九条、第十条规定了税前扣除凭证的种类及适用情形。税前扣除凭证按照来源分为内部凭证和外部凭证。内部凭证是指企业自制用于成本、费用、损失和其他支出核算的会计原始凭证。内部凭证的填制和使用应当符合国家会计法律、法规等相关规定。外部凭证是指企业发生经营活动和其他事项时，从其他单位、个人取得的用于证明其支出发生的凭证，包括但不限于发票（包括纸质发票和电子发票）、财政票据、完税凭证、收款凭证、分割单等。

企业在境内发生的支出项目属于增值税应税项目的，对方为已办理税务登记的增值税纳税人，其支出以发票（包括按照规定由税务机关代开的发票）作为税前扣除凭证；对方为依法无需办理税务登记的单位或者从事小额零星经营业务的个人，其支出以税务机关代开的发票或者收款凭证及内部凭证作为税前扣除凭证，收款凭证应载明收款单位名称、个人姓名及身份证号、支出项目、收款金额等相关信息。小额零星经营业务的判断标准是个人从事应税项目经营业务的销售额不超过增值税相关政策规定的起征点。企业在境内发生的支出项目不属于应税项目的，对方为单位的，以对方开具的发票以外的其他外部凭证作为税前扣除凭证；对方为个人的，以内部凭证作为税前扣除凭证。

企业从境外购进货物或者劳务发生的支出，以对方开具的发票或者具有发票性质的收款凭证、相关税费缴纳凭证作为税前扣除凭证。

国家税务总局对应税项目开具发票另有规定的，以规定的发票或者票据作为税前扣除凭证，如《国家税务总局关于铁路运输和邮政业营业税改征增值税发票及税控系统使用问题的公告》（国家税务总局公告2013年第76号）规定的中国铁路总公司及其所属运输企业（含分支机构）自行印制的铁路票据等。企业在境内发生的支出项目虽不属于应税项目，但按国家税务总局规定可以开具发票的，可以发票作为税前扣除凭证，如《国家税务总局关于增值税发票管理若干事项的公告》（国家税务总局公告2017年第45号）附件“商品和服务税收分类编码表”中规定的不征税项目等。

风险提示

消除“发票是唯一税前扣除凭证”的理解误区。掌握内部凭证和外部凭证的区别及其分别适用的税前扣除情形，一般以企业的支出项目属性是否属于增值税应税项目，以及对方是否为已办理税务登记的增值税纳税人来进行区分。了解应税项目和非应税项目开具发票的特殊规定。了解境内业务与境外业务的处理规则区别。

4.1.2 税前扣除凭证的必要性及救济措施

《办法》第五条、第六条、第十二条明确了企业取得合法有效的税前扣除凭证的必要性。企业发生支出，应取得税前扣除凭证，作为计算企业所得税应纳税所得额时扣除相关支出的依据。企业应在当年度《企业所得税法》规定的汇算清缴期结束前取得税前扣除凭证。企业取得私自印制、伪造、变造、作废、开票方非法取得、虚开、填写不规范等不符合规定的发票，以及取得不符合国家法律、法规等相关规定的其他外部凭证，不得作为税前扣除凭证。

《办法》第十三条、第十四条、第十七条明确了企业的救济措施。企业应当取得而未取得发票、其他外部凭证或者取得不合规发票、不合规其他外部凭证的，若支出真实且已实际发生，可以按照以下规定处理：

在当年度汇算清缴期结束前，要求对方补开、换开发票、其他外部凭证。若补开、换开后的发票、其他外部凭证符合规定的，可以作为税前扣除凭证。若企业在补开、换开发票、其他外部凭证过程中，因对方注销、撤销、依法被吊销营业执照、被税务机关认定为非正常户等特殊原因无法补开、换开发票、其他外部凭证的，凭以下资料证实支出真实性后，其支出允许税前扣除：（1）无法补开、换开发票、其他外部凭证原因的证明资料（包括工商注销、机构撤销、列入非正常经营户、破产公告等证明资料）；（2）相关业务活动的合同或者协议；（3）采用非现金方式支付的付款凭证；（4）货物运输的证明资料；（5）货物入库、出库内部凭证；（6）企业会计核算记录以及其他资料。第（1）项至第（3）项为必备资料。

企业在当年度汇算清缴期结束前没能取得合法有效的税前扣除凭证，且相应支出在该年度没有税前扣除的，在以后年度取得符合规定的发票、其他外部凭证或者按照《办法》第十四条的规定提供可以证实其支出真实性的相关资料，相应支出可以追补至该支出发生年度税前扣除，但追补年限不得超过五年。

风险提示

掌握税前扣除凭证与税前扣除的关系。企业支出的税前扣除范围和标准应当按照《企业所得税法》及其实施条例等相关规定执行。税前扣除凭证是企业计算企业所得税应纳税所得额时，扣除相关支出的依据。一般情况下，税前扣除应当取得合法有效的税前扣除凭证。同时还要注意“及时”取得，即在当年度汇算清缴期结束前取得。未取得的，相应支出不得在发生年度税前扣除。但征管实践中情况复杂，企业由于各种主观或客观的原因无法及时取得合法有效的税前扣除凭证的情况仍然时有发生，为了保障纳税人合法权益，《办法》特别规定了两类特殊情形的救济措施。一类是《办法》第十四条规定的凭规定资料证实支出真实性后扣除支出；另一类是《办法》第十七条规定的五年内准予追补扣除。

4.1.3 不得追补扣除的特殊情形

根据《国家税务总局关于企业所得税应纳税所得额若干税务处理问题的公告》（国家税务总局公告2012年第15号）第六条：关于以前年度发生应扣未扣支出的税务处理问题。根据《中华人民共和国税收征收管理法》的有关规定，对企业发现以前年度实际发生的、按照税收规定应在企业所得税前扣除而未扣除或者少扣除的支出，企业作出专项申报及说明后，准予追补至该项目发生年度计算扣除，但追补确认期限不得超过5年。相应地，《办法》第十七条明确了汇算清缴期后取得合法有效的税前扣除凭证（或按照规定提供可以证实其支出真实性的相关资料）准予5年内追补扣除。

但是，若企业未取得合法有效的税前扣除凭证仍扣除有关支出的，即不应扣而扣的，汇算清缴期结束后，税务机关发现并且告知企业的，企业应当自被告知之日起60日内补开、换开符合规定的发票、其他外部凭证。其中，因对方特殊原因无法补开、换开发票、其他外部凭证的，企业应当按照《办法》第十四条的规定，自被告知之日起60日内提供可以证实其支出真实性的相关资料。否则，该支出不得在发生年度税前扣除，企业应当对当年度年报做纳税调整，也不得在以后年度追补扣除。

风险提示

掌握应扣未扣和不应扣而扣的情形，辨明《办法》第十五条、第十六条与第十七条适用情形的区别。联系《国家税务总局关于企业所得税应纳税所得额若干税务处理问题的公告》（国家税务总局公告2012年第15号）、《中华人民共和国税收征收管理法》等相关规定去把握追补扣除条款的内涵。

4.1.4 税前扣除凭证与相关资料的关系

税前扣除凭证，是指企业在计算企业所得税应纳税所得额时，证明与取得收入有关的、合理的支出实际发生，并据以税前扣除的各类凭证。税前扣除凭证在管理中遵循真实性、合法性、关联性原则。真实性是指税前扣除凭证反映的经济业务真实，且支出已经实际发生；合法性是指税前扣除凭证的形式、来源符合国家法律、法规等相关规定；关联性是指税前扣除凭证与其反映的支出相关联且有证明力。企业应将与税前扣除凭证相关的资料，包括合同协议、支出依据、付款凭证等留存备查，以证实税前扣除凭证的真实性。

若企业在补开、换开发票、其他外部凭证过程中，因对方注销、撤销、依法被吊销营业执照、被税务机关认定为非正常户等特殊原因无法补开、换开发票、其他外部凭证的，凭以下资料证实支出真实性后，其支出允许税前扣除：（1）无法补开、换开发票、其他外部凭证原因的证明资料（包括工商注销、机构撤销、列入非正常经营户、破产公告等证明资料）；（2）相关业务活动的合同或者协议；（3）采用非现金方式支付的付款凭证；（4）货物运输的证明资料；（5）货物入库、出库内部凭证；（6）企业会计核算记录以及其他资料。第（1）项至第（3）项为必备资料。

风险提示

企业在经营活动、经济往来中常常伴生有合同协议、付款凭证等相关资料，不属于税前扣除凭证，但属于与企业经营活动直接相关且能够证明税前扣除凭证真实性的资料，企业应当履行保管责任。一方面，《办法》第七条明确规定了企业的留存备查义务；另一方面，《办法》第十四条明确了“因对方注销、撤销、依法被吊销营业执照、被税务机关认定为非正常户等特殊原因无法补开、换开发票、其他外部凭证的”情形，企业可以凭规定的相关资料进行税前扣除。

4.1.5 分摊方式的支出扣除

企业与其他企业（包括关联企业）、个人在境内共同接受应纳增值税劳务（本节以下简称“应税劳务”）发生的支出，采取分摊方式的，应当按照独立交易原则进行分摊，企业以发票和分割单作为税前扣除凭证，共同接受应税劳务的其他企业以企业开具的分割单作为税前扣除凭证。企业与其他企业、个人在境内共同接受非应税劳务发生的支出，采取分摊方式的，企业以发票外的其他外部凭证和分割单作为税前扣除凭证，共同接受非应税劳务的其他企业以企业开具的分割单作为税前扣除凭证。

风险提示

《办法》出台前，企业与其他企业、个人在境内共同接受劳务的，税前扣除凭证如何确定存在争议。《办法》第十八条明确了处理原则，利用分割单，简化企业的税务处理。

4.1.6 租用过程的费用扣除

企业租用（包括企业作为单一承租方租用）办公、生产用房等资产发生的水、电、燃气、冷气、暖气、通信线路、有线电视、网络等费用，出租方作为应税项目开具发票的，企业以发票作为税前扣除凭证；出租方采取分摊方式的，企业以出租方开具的其他外部凭证作为税前扣除凭证。

风险提示

企业租用办公、生产用房等资产过程中，不可避免地或发生水、电、燃气等费用，在有些情况下，这些费用包含在租金中，有些情况下需要单独支付。对于后一种情况，出租方的处理方式也不相同，既有采取销售方式处理的，又有采取费用分摊方式处理的。因此，《办法》第十九条规定了不同处理方式下的税前扣除凭证管理要求，有效解决了纳税人在生产、经营过程中的实际问题。

4.2 政策性搬迁

4.2.1 企业所得税政策

2009年，《国家税务总局关于企业政策性搬迁或处置收入有关企业所得税处理问题的通知》（国税函〔2009〕118号）对企业政策性搬迁的税务处理进行了一些原则性规定，在实际税收征管过程中，由于理解不一，经常产生一些争议。2012年，国家税务总局在进一步研究、完善的基础上，下发《国家税务总局关于发布〈企业政策性搬迁所得税管理办法〉的公告》（国家税务总局公告2012年第40号，本节以下简称《办法》）。《办法》中对政策性搬迁所作出的规定，与非政策性搬迁的主要区别体现为：一是企业取得搬迁补偿收入，不立即作为当年度的应税收入征税，而是在搬迁周期内，扣除搬迁支出后统一核算；二是给予最长5年的搬迁期限；三是企业以前年度发生尚未弥补的亏损的，搬迁期间从法定亏损结转年限中减除。《办法》执行以后，各地在执行过程中反映了一些新情况、新问题，因此国家税务总局于2013年再次下发《国家税务总局关于企业政策性搬迁所得税有关问题的公告》（国家税务总局公告2013年第11号），明确了两项内容：一是明确了搬迁期间新购置的资产税务处理的新旧政策衔接问题，回应了一些地方反映的资金紧张影响搬迁进度的情况；二是明确了资产置换税务处理问题，对《办法》规定的土地置换税务处理原则扩大适用范围。企业应深入学习两个相关公告，厘清政策性搬迁概念、税务处理规定及征管要求，并与高新技术企业、软件集成电路企业、小型微利企业资格判定事项、亏损弥补结转事项等有关问题贯通联系起来，避免税务风险。

4.2.1.1 政策性搬迁的概念

企业政策性搬迁，是指由于社会公共利益的需要，在政府主导下企业进行整体搬迁或部分搬迁。企业由于下列需要之一，提供相关文件证明资料的，属于政策性搬迁：

（1）国防和外交的需要；

（2）由政府组织实施的能源、交通、水利等基础设施的需要；

（3）由政府组织实施的科技、教育、文化、卫生、体育、环境和资源保护、防灾减灾、文物保护、社会福利、市政公用等公共事业的需要；

（4）由政府组织实施的保障性安居工程建设的需要；

（5）由政府依照《中华人民共和国城乡规划法》有关规定组织实施的对危房集中、基础设施落后等地段进行旧城区改建的需要；

（6）法律、行政法规规定的其他公共利益的需要。

风险提示

掌握政策性搬迁、自行搬迁、商业性搬迁的区别。《国家税务总局关于发布〈企业政策性搬迁所得税管理办法〉的公告》（国家税务总局公告2012年第40号）仅限于企业政策性搬迁过程中涉及的所得税征收管理事项，不包括企业自行搬迁或商业性搬迁等非政策性搬迁的税务处理事项。

4.2.1.2 单独税务管理和核算要求

企业应按《办法》的要求，就政策性搬迁过程中涉及的搬迁收入、搬迁支出、搬迁资产税务处理、搬迁所得等所得税征收管理事项，单独进行税务管理和核算。不能单独进行税务管理和核算的，应视为企业自行搬迁或商业性搬迁等非政策性搬迁进行所得税处理，不得执行《办法》规定。

风险提示

税收文件中，对一些事项税务管理提出了单独核算要求，比如专项用途财政性资金作不征税收入处理；所得减免项目企业所得税优惠事项等。企业适用政策性搬迁所得税管理办法，应就政策性搬迁过程中涉及的搬迁收入、搬迁支出、搬迁资产税务处理、搬迁所得等所得税征收管理事项，单独进行税务管理和核算，否则应视为企业自行搬迁或商业性搬迁等非政策性搬迁进行所得税处理。

4.2.1.3 搬迁收入范围

企业取得的搬迁补偿收入，是指企业由于搬迁取得的货币性和非货币性补偿收入。具体包括：（1）对被征用资产价值的补偿；（2）因搬迁、安置而给予的补偿；（3）对停产停业形成的损失而给予的补偿；（4）资产搬迁过程中遭到毁损而取得的保险赔款；（5）其他补偿收入。企业搬迁资产处置收入，是指企业由于搬迁而处置企业各类资产所取得的收入。

风险提示

企业的搬迁收入，包括搬迁过程中从本企业以外（包括政府或其他单位）取得的搬迁补偿收入，以及本企业搬迁资产处置收入等。企业由于搬迁处置存货而取得的收入，应按正常经营活动取得的收入进行所得税处理，不作为企业搬迁收入。

4.2.1.4 搬迁支出范围

搬迁费用支出，是指企业搬迁期间所发生的各项费用，包括安置职工实际发生的费用、停工期间支付给职工的工资及福利费、临时存放搬迁资产而发生的费用、各类资产搬迁安装费用以及其他与搬迁相关的费用。资产处置支出，是指企业由于搬迁而处置各类资产所发生的支出，包括变卖及处置各类资产的净值、处置过程中所发生的税费等支出。企业由于搬迁而报废的资产，如无转让价值，其净值作为企业的资产处置支出。

风险提示

企业的搬迁支出，包括搬迁费用支出以及由于搬迁所发生的企业资产处置支出。

4.2.1.5 搬迁资产税务处理

企业搬迁的资产，简单安装或不需要安装即可继续使用的，在该项资产重新投入使用后，就其净值按《企业所得税法》及其实施条例规定的该资产尚未折旧或摊销的年限，继续计提折旧或摊销。企业搬迁的资产，需要进行大修理后才能重新使用的，应就该资产的净值，加上大修理过程所发生的支出，为该资产的计税成本。在该项资产重新投入使用后，按该资产尚可使用的年限，计提折旧或摊销。

企业搬迁中被征用的土地，采取土地置换的，换入土地的计税成本按被征用土地的净值，以及该换入土地投入使用前所发生的各项费用支出，为该换入土地的计税成本，在该换入土地投入使用后，按《企业所得税法》及其实施条例规定年限摊销。企业政策性搬迁被征用的资产，采取资产置换的，其换入资产的计税成本按被征用资产的净值，加上换入资产所支付的税费（涉及补价，还应加上补价款）计算确定。

凡在国家税务总局2012年第40号公告生效前已经签订搬迁协议且尚未完成搬迁清算的企业政策性搬迁项目，企业在重建或恢复生产过程中购置的各类资产，可以作为搬迁支出，从搬迁收入中扣除。但购置的各类资产，应剔除该搬迁补偿收入后，作为该资产的计税基础，并按规定计算折旧或费用摊销。凡在国家税务总局2012年第40号公告生效后签订搬迁协议的政策性搬迁项目，应按国家税务总局2012年第40号公告有关规定执行，即企业搬迁期间新购置的各类资产，应按《企业所得税法》及其实施条例等有关规定，计算确定资产的计税成本及折旧或摊销年限，企业发生的购置资产支出，不得从搬迁收入中扣除。

风险提示

掌握搬迁资产、置换资产、搬迁期间新购置的资产这三类资产不同的税务处理方法。特别关注国家税务总局2012年第40号公告生效后签订搬迁协议的政策性搬迁项目，企业发生的购置资产支出，不得从搬迁收入中扣除。

4.2.1.6 搬迁开始年度与搬迁完成年度

符合下列情形之一的，为搬迁完成年度，企业应进行搬迁清算，计算搬迁所得：（1）从搬迁开始，5年内（包括搬迁当年度）任何一年完成搬迁的。（2）从搬迁开始，搬迁时间满5年（包括搬迁当年度）的年度。

企业同时符合下列条件的，视为已经完成搬迁：（1）搬迁规划已基本完成；

（2）当年生产经营收入占规划搬迁前年度生产经营收入50%以上。

企业边搬迁、边生产的，搬迁年度应从实际开始搬迁的年度计算。

风险提示

掌握搬迁开始年度与搬迁完成年度的界定，关系到搬迁所得的计算确认年度。

4.2.1.7 搬迁所得计算

企业的搬迁收入，扣除搬迁支出后的余额，为企业的搬迁所得。企业应在搬迁完成年度，将搬迁所得计入当年度企业应纳税所得额计算纳税。企业搬迁收入扣除搬迁支出后为负数的，应为搬迁损失。搬迁损失可在下列方法中选择其一进行税务处理：（1）在搬迁完成年度，一次性作为损失进行扣除；（2）自搬迁完成年度起分3个年度，均匀在税前扣除。上述方法由企业自行选择，但一经选定，不得改变。

风险提示

企业在搬迁期间发生的搬迁收入和搬迁支出，可以暂不计入当期应纳税所得额，而在完成搬迁的年度，对搬迁收入和支出进行汇总清算。

4.2.1.8 亏损结转年限计算

企业以前年度发生尚未弥补的亏损的，凡企业由于搬迁停止生产经营无所得的，从搬迁年度次年起，至搬迁完成年度前一年度止，可作为停止生产经营活动年度，从法定亏损结转弥补年限中减除；企业边搬迁、边生产的，其亏损结转年度应连续计算。

风险提示

掌握减除情形和连续计算情形。

4.2.1.9 申报事项

政策性搬迁企业所得税申报个性化事项主要涉及企业所得税年报两张表单，即“A000000企业所得税年度纳税申报基础信息表”（见表4-1）和“A105110政策性搬迁纳税调整明细表”（见表4-2）。

“215政策性搬迁开始时间”：纳税人发生政策性搬迁事项且申报所属期年度处在搬迁期内的，填报政策性搬迁开始的时间。

“216发生政策性搬迁且停止生产经营无所得年度”：纳税人的申报所属期年度处于政策性搬迁期内，且停止生产经营无所得的，选择“是”。

表4-1 A000000企业所得税年度纳税申报基础信息表

<table>
<tr><td colspan="5">基本经营情况（必填项目）</td></tr>
<tr><td colspan="2">101纳税申报企业类型（填写代码）</td><td></td><td>102分支机构就地纳税比例（%）</td><td></td></tr>
<tr><td colspan="2">103资产总额（填写平均值，单位：万元）</td><td></td><td>104从业人数（填写平均值，单位：人）</td><td></td></tr>
<tr><td colspan="2">105所属国民经济行业（填写代码）</td><td></td><td>106从事国家限制或禁止行业</td><td>□是□否</td></tr>
<tr><td colspan="2">107适用会计准则或会计制度（填写代码）</td><td></td><td>108采用一般企业财务报表格式（2019年版）</td><td>□是□否</td></tr>
<tr><td colspan="2">109小型微利企业</td><td>□是□否</td><td>110上市公司</td><td>是（□境内 □境外）□否</td></tr>
<tr><td colspan="5">有关涉税事项情况（存在或者发生下列事项时必填）</td></tr>
<tr><td colspan="2">201从事股权投资业务</td><td>□是</td><td>202存在境外关联交易</td><td>□是</td></tr>
<tr><td rowspan="2">203境外所得信息</td><td>203-1选择采用的境外所得抵免方式</td><td colspan="3">□分国（地区）不分项 □不分国（地区）不分项</td></tr>
<tr><td>203-2新增境外直接投资信息</td><td colspan="3">□是（产业类别：□旅游业□现代服务业□高新技术产业）</td></tr>
<tr><td colspan="2">204有限合伙制创业投资企业的法人合伙人</td><td>□是</td><td>205创业投资企业</td><td>□是</td></tr>
<tr><td colspan="2">206技术先进型服务企业类型（填写代码）</td><td></td><td>207非营利组织</td><td>□是</td></tr>
<tr><td colspan="2">208软件、集成电路企业类型（填写代码）</td><td></td><td>209集成电路生产项目类型</td><td>□130纳米 □65纳米 □28纳米</td></tr>
<tr><td rowspan="2">210科技中小企业</td><td>210-1__年（申报所属期年度）入库编号1</td><td></td><td>210-2入库时间1</td><td></td></tr>
<tr><td>210-3__年（所属期下一年度）入库编号2</td><td></td><td>210-4入库时间2</td><td></td></tr>
<tr><td rowspan="2">211高新技术企业申报所属期年度有效的高新技术企业证书</td><td>211-1 证书编号1</td><td></td><td>211-2发证时间1</td><td></td></tr>
<tr><td>211-3 证书编号2</td><td></td><td>211-4发证时间2</td><td></td></tr>
<tr><td colspan="2">212重组事项税务处理方式</td><td>□一般性□特殊性</td><td>213重组交易类型（填写代码）</td><td></td></tr>
<tr><td colspan="2">214重组当事方类型（填写代码）</td><td></td><td>215政策性搬迁开始时间</td><td>__年__月</td></tr>
<tr><td colspan="2">216发生政策性搬迁且停止生产经营无所得年度</td><td>□是</td><td>217政策性搬迁损失分期扣除年度</td><td>□是</td></tr>
<tr><td colspan="2">218发生非货币性资产对外投资递延纳税事项</td><td>□是</td><td>219非货币性资产对外投资转让所得递延纳税年度</td><td>□是</td></tr>
<tr><td colspan="2">220发生技术成果投资入股递延纳税事项</td><td>□是</td><td>221技术成果投资入股递延纳税年度</td><td>□是</td></tr>
<tr><td colspan="2">222发生资产（股权）划转特殊性税务处理事项</td><td>□是</td><td>223债务重组所得递延纳税年度</td><td>□是</td></tr>
<tr><td colspan="2">224研发支出辅助账样式</td><td colspan="3">□2015版 □2021版 □自行设计</td></tr>
</table>

续表

主要股东及分红情况（必填项目）					
股东名称	证件种类	证件号码	投资比例（%）	当年（决议日）分配的股息、红利等权益性投资收益金额	国籍（注册地址）
其余股东合计	—	—			—

“217政策性搬迁损失分期扣除年度”：纳税人发生政策性搬迁事项出现搬迁损失，按照《国家税务总局关于发布〈企业政策性搬迁所得税管理办法〉的公告》（国家税务总局公告2012年第40号）等有关规定选择自搬迁完成年度起分3个年度均匀在税前扣除的，且申报所属期年度处在分期扣除期间的，选择“是”。

表4-2 A105110政策性搬迁纳税调整明细表

行次	项目	金额
1	一、搬迁收入（2+8）	
2	（一）搬迁补偿收入（3+4+5+6+7）	
3	1.对被征用资产价值的补偿	
4	2.因搬迁、安置而给予的补偿	

续表

行次	项目	金额
5	3.对停产停业形成的损失而给予的补偿	
6	4.资产搬迁过程中遭到毁损而取得的保险赔款	
7	5.其他补偿收入	
8	（二）搬迁资产处置收入	
9	二、搬迁支出（10+16）	
10	（一）搬迁费用支出（11+12+13+14+15）	
11	1.安置职工实际发生的费用	
12	2.停工期间支付给职工的工资及福利费	
13	3.临时存放搬迁资产而发生的费用	
14	4.各类资产搬迁安装费用	
15	5.其他与搬迁相关的费用	
16	（二）搬迁资产处置支出	
17	三、搬迁所得或损失（1-9）	
18	四、应计入本年应纳税所得额的搬迁所得或损失（19+20+21）	
19	其中：搬迁所得	
20	搬迁损失一次性扣除	
21	搬迁损失分期扣除	
22	五、计入当期损益的搬迁收益或损失	
23	六、以前年度搬迁损失当期扣除金额	
24	七、纳税调整金额（18-22-23）	

该表适用于发生政策性搬迁纳税调整项目的纳税人在完成搬迁年度及以后进行损失分期扣除的年度填报。纳税人根据税法、《国家税务总局关于发布〈企业政策性搬迁所得税管理办法〉的公告》（国家税务总局公告2012年第40号）、《国家税务

总局关于企业政策性搬迁所得税有关问题的公告》（国家税务总局公告2013年第11号）等相关规定，以及国家统一企业会计制度，填报企业政策性搬迁项目的相关会计处理、税收规定及纳税调整情况。

风险提示

表4-2第24行数据关联至“A105000纳税调整项目明细表”第38行第3/4列，进而关联至“A100000中华人民共和国企业所得税年度纳税申报表（A类）”第15/16行。

4.2.2 增值税政策

《营业税改征增值税试点实施办法》（财税〔2016〕36号附件3）规定：“一、下列项目免征增值税……（三十七）土地所有者出让土地使用权和土地使用者将土地使用权归还给土地所有者。”

《财政部 税务总局关于明确无偿转让股票等增值税政策的公告》（财政部 税务总局公告2020年第40号）规定明确土地所有者依法征收土地，并向土地使用者支付土地及其相关有形动产、不动产补偿费的行为，属于《营业税改征增值税试点实施办法》（财税〔2016〕36号附件3）第一条第（三十七）项规定的土地使用者将土地使用权归还给土地所有者的情形，因此取得符合上述条件的搬迁收入免征增值税。

4.2.3 个人所得税政策

根据《财政部 国家税务总局关于城镇房屋拆迁有关税收政策的通知》（财税〔2005〕45号）规定：对被拆迁人按照国家有关城镇房屋拆迁管理办法规定的标准取得的拆迁补偿款，免征个人所得税。根据《财政部 税务总局关于易地扶贫搬迁税收优惠政策的通知》（财税〔2018〕135号）的规定：对易地扶贫搬迁贫困人口按规定取得的住房建设补助资金、拆旧复垦奖励资金等与易地扶贫搬迁相关的货币化补偿和易地扶贫搬迁安置住房，免征个人所得税。

4.2.4 土地增值税政策

根据《中华人民共和国土地增值税暂行条例》第八条第二款、《中华人民共和国土地增值税暂行条例实施细则》第十一条、《财政部 国家税务总局关于土地增值税若干问题的通知》（财税〔2006〕21号）第四条：因国家建设需要依法征收、收回的房地产，免征土地增值税。上述所称因国家建设需要依法征用、收回的房地产，是指因城市实施规划、国家建设的需要而被政府批准征用的房产或收回的土地使用权。

因城市实施规划、国家建设的需要而搬迁，由纳税人自行转让原房地产的，比照本规定免征土地增值税。因“城市实施规划”而搬迁，是指因旧城改造或因企业污染、扰民（指产生过量废气、废水、废渣和噪声，使城市居民生活受到一定危害），而由政府或政府有关主管部门根据已审批通过的城市规划确定进行搬迁的情况；因“国家建设的需要”而搬迁，是指因实施国务院、省级人民政府、国务院有关部委批准的建设项目而进行搬迁的情况。

4.2.5 其他税收政策

对易地扶贫搬迁贫困人口按规定取得的安置住房，免征契税。对易地扶贫搬迁项目实施主体（以下简称项目实施主体）取得用于建设安置住房的土地，免征契税、印花税。对安置住房建设和分配过程中应由项目实施主体、项目单位缴纳的印花税，予以免征。对安置住房用地，免征城镇土地使用税。在商品住房等开发项目中配套建设安置住房的，按安置住房建筑面积占总建筑面积的比例，计算应予免征的安置住房用地相关的契税、城镇土地使用税，以及项目实施主体、项目单位相关的印花税。对项目实施主体购买商品住房或者回购保障性住房作为安置住房房源的，免征契税、印花税。

4.3 企业资产损失所得税税前扣除

2011年，税务总局下发《国家税务总局关于发布〈企业资产损失所得税税前扣除管理办法〉的公告》（国家税务总局公告2011年第25号，本节以下简称《办法》），自2011年1月1日起施行。《国家税务总局关于印发〈企业资产损失税前扣除管理办法〉的通知》（国税发〔2009〕88号）、《国家税务总局关于企业以前年度未扣除资产损失企业所得税处理问题的通知》（国税函〔2009〕772号）、《国家税务总局关于电信企业坏账损失税前扣除问题的通知》（国税函〔2010〕196号）同时废止。

4.3.1 资产损失类型

准予在企业所得税税前扣除的资产损失，是指企业在实际处置、转让上述资产过程中发生的合理损失（实际资产损失），以及企业虽未实际处置、转让上述资产，但符合规定条件计算确认的损失（法定资产损失）。企业实际资产损失，应当在其实际发生且会计上已作损失处理的年度申报扣除；法定资产损失，应当在企业该项资产已符合法定资产损失确认条件，且会计上已作损失处理的年度申报扣除。

企业以前年度发生的资产损失未能在当年税前扣除的，可以按照《办法》的规定，向税务机关说明并进行专项申报扣除。其中，属于实际资产损失的，准予追补至该项损失发生年度扣除，其追补确认期限一般不得超过5年，但因计划经济体制转轨过程中遗留的资产损失、企业重组上市过程中因权属不清出现争议而未能及时扣除的资产损失、因承担国家政策性任务而形成的资产损失以及政策定性不明确而形成资产损失等特殊原因形成的资产损失，其追补确认期限经国家税务总局批准后可适当延长。属于法定资产损失的，应在申报年度扣除。

风险提示

（1）掌握实际资产损失和法定资产损失的分类、适用条件及处理办法。比如，A企业有一笔逾期3年以上的应收款项，付款方经法院裁定实体终结，不可再恢复执行，则A企业该笔应收款项损失为实际资产损失。B企业有一笔逾期3年以上的应收款项，付款方资不抵债，超过3年确实无法偿付，B企业会计上已作损失处理且出具专项报告，则B企业该笔应收款项损失为法定资产损失。

（2）了解税会差异。《办法》所称资产是指企业拥有或者控制的、用于经营管理活动相关的资产，包括现金、银行存款、应收及预付款项（包括应收票据、各类垫款、企业之间往来款项）等货币性资产，存货、固定资产、无形资产、在建工程、生产性生物资产等非货币性资产，以及债权性投资和股权（权益）性投资。与会计所称"资产"，至少有以下3点不同：第一，税法按照独立纳税主体进行区分，对会计上因合并财务报表并入的资产不予认可。第二，税法以事实为基准（满足实际发生或法定确认条件），会计出于财务信息披露不应高估资产或收益的谨慎性考量而在计量中基于对资产状态的合理判断计提的资产减值损失如不满足税收现行法律法规的既定要求，税收上不予认可。第三，企业境内、境外营业机构发生的资产损失应分开核算，对境外营业机构由于发生资产损失而产生的亏损，不得在计算境内应纳税所得额时扣除。

4.3.2 资产损失确认证据

4.3.2.1 基本规定

企业资产损失相关的证据包括具有法律效力的外部证据和特定事项的企业内部证据。

具有法律效力的外部证据，是指司法机关、行政机关、专业技术鉴定部门等依法出具的与本企业资产损失相关的具有法律效力的书面文件，主要包括：(1) 司法机关的判决或者裁定；(2) 公安机关的立案结案证明、回复；(3) 市场监督管理部门出具的注销、吊销及停业证明；(4) 企业的破产清算公告或清偿文件；(5) 行政机关的公文；(6) 专业技术部门的鉴定报告；(7) 具有法定资质的中介机构的经济鉴定证明；(8) 仲裁机构的仲裁文书；(9) 保险公司对投保资产出具的出险调查单、理赔计算单等保险单据；(10) 符合法律规定的其他证据。

特定事项的企业内部证据，是指会计核算制度健全、内部控制制度完善的企业，对各项资产发生毁损、报废、盘亏、死亡、变质等内部证明或承担责任的声明，主要包括：(1) 有关会计核算资料和原始凭证；(2) 资产盘点表；(3) 相关经济行为的业务合同；(4) 企业内部技术鉴定部门的鉴定文件或资料；(5) 企业内部核批文件及有关情况说明；(6) 对责任人由于经营管理责任造成损失的责任认定及赔偿情况说明；(7) 法定代表人、企业负责人和企业财务负责人对特定事项真实性承担法律责任的声明。

4.3.2.2 现金损失的确认证据

(1) 现金保管人确认的现金盘点表（包括倒推至基准日的记录）；(2) 现金保管人对于短缺的说明及相关核准文件；(3) 对责任人由于管理责任造成损失的责任认定及赔偿情况的说明；(4) 涉及刑事犯罪的，应有司法机关出具的相关材料；(5) 金融机构出具的假币收缴证明。

4.3.2.3 银行存款损失的确认证据

企业因金融机构清算而发生的存款类资产损失的确认证据：(1) 企业存款类资产的原始凭据；(2) 金融机构破产、清算的法律文件；(3) 金融机构清算后剩余资产分配情况资料。金融机构应清算而未清算超过3年的，企业可将该款项确认为资产损失，但应有法院或破产清算管理人出具的未完成清算证明。

4.3.2.4 企业应收及预付款项坏账损失的确认证据

(1) 相关事项合同、协议或说明；(2) 属于债务人破产清算的，应有人民法院的破产、清算公告；(3) 属于诉讼案件的，应出具人民法院的判决书或裁决书或仲裁机构的仲裁书，或者被法院裁定终（中）止执行的法律文书；(4) 属于债务人停止营业的，应有市场监督管理部门注销、吊销营业执照证明；(5) 属于债务人死亡、失踪的，应有公安机关等有关部门对债务人个人的死亡、失踪证明；(6) 属于债务重组的，应有债务重组协议及其债务人重组收益纳税情况说明；(7) 属于自然灾害、战争等不可抗力而无法收回的，应有债务人受灾情况说明以及放弃债权申明。

企业逾期3年以上的应收款项在会计上已作为损失处理的，可以作为坏账损失，但应说明情况，并出具专项报告。企业逾期1年以上，单笔数额不超过5万元或者不超过企业年度收入总额万分之一的应收款项，会计上已经作为损失处理的，可以作为坏账损失，但应说明情况，并出具专项报告。

4.3.2.5 存货损失的确认证据

其一，存货盘亏损失，为其盘亏金额扣除责任人赔偿后的余额，应依据以下证据材料确认：（1）存货计税成本确定依据；（2）企业内部有关责任认定、责任人赔偿说明和内部核批文件；（3）存货盘点表；（4）存货保管人对于盘亏的情况说明。

其二，存货报废、毁损或变质损失，为其计税成本扣除残值及责任人赔偿后的余额，应依据以下证据材料确认：（1）存货计税成本的确定依据；（2）企业内部关于存货报废、毁损、变质、残值情况说明及核销资料；（3）涉及责任人赔偿的，应当有赔偿情况说明；（4）该项损失数额较大的（指占企业该类资产计税成本10%以上，或减少当年应纳税所得、增加亏损10%以上，下同），应有专业技术鉴定意见或法定资质中介机构出具的专项报告等。

其三，存货被盗损失，为其计税成本扣除保险理赔以及责任人赔偿后的余额，应依据以下证据材料确认：（1）存货计税成本的确定依据；（2）向公安机关的报案记录；（3）涉及责任人和保险公司赔偿的，应有赔偿情况说明等。

风险提示

（1）“存货报废、毁损或变质损失”的第4项证据材料规定2018年有变化。根据《国家税务总局关于取消20项税务证明事项的公告》（国家税务总局公告2018年第65号），自2018年12月28日起，“专业技术鉴定意见或法定资质中介机构出具的专项报告”不再需要提供，改为“企业自行出具的有法定代表人、主要负责人和财务负责人签章证实有关损失的书面申明”。

（2）根据《国家税务总局关于商业零售企业存货损失税前扣除问题的公告》（国家税务总局公告2014年第3号）规定：商业零售企业存货因零星失窃、报废、废弃、过期、破损、腐败、鼠咬、顾客退换货等正常因素形成的损失，为存货正常损失，准予按会计科目进行归类、汇总，然后再将汇总数据以清单的形式进行企业所得税纳税申报，同时出具损失情况分析报告。商业零售企业存货因风、火、雷、震等自然灾害，仓储、运输失事，重大案件等非正常因素形成的损失，为存货非正常损失，应当以专项申报形式进行企业所得税纳税申报。存货单笔（单项）损失超过500万元的，无论何种因素形成的，均应以专项申报方式进行企业所得税纳税申报。

4.3.2.6 固定资产损失的确认证据

其一，固定资产盘亏、丢失损失，为其账面净值扣除责任人赔偿后的余额，应依据以下证据材料确认：（1）企业内部有关责任认定和核销资料；（2）固定资产盘点表；（3）固定资产的计税基础相关资料；（4）固定资产盘亏、丢失情况说明；（5）损失金额较大的，应有专业技术鉴定报告或法定资质中介机构出具的专项报告等。

其二，固定资产报废、毁损损失，为其账面净值扣除残值和责任人赔偿后的余额，应依据以下证据材料确认：（1）固定资产的计税基础相关资料；（2）企业内部有关责任认定和核销资料；（3）企业内部有关部门出具的鉴定材料；（4）涉及责任赔偿的，应当有赔偿情况的说明；（5）损失金额较大的或自然灾害等不可抗力原因造成固定资产毁损、报废的，应有专业技术鉴定意见或法定资质中介机构出具的专项报告等。

其三，固定资产被盗损失，为其账面净值扣除责任人赔偿后的余额，应依据以下证据材料确认：（1）固定资产计税基础相关资料；（2）公安机关的报案记录，公安机关立案、破案和结案的证明材料；（3）涉及责任赔偿的，应有赔偿责任的认定及赔偿情况的说明等。

风险提示

"固定资产盘亏、丢失损失"的第5项证据材料规定和"固定资产报废、毁损损失"的第5项证据材料规定2018年有变化。根据《国家税务总局关于取消20项税务证明事项的公告》（国家税务总局公告2018年第65号），自2018年12月28日起，"专业技术鉴定意见（报告）或法定资质中介机构出具的专项报告"不再需要提供，改为"企业自行出具的有法定代表人、主要负责人和财务负责人签章证实有关损失的书面申明"。

4.3.2.7 无形资产损失的确认证据

被其他新技术所代替或已经超过法律保护期限，已经丧失使用价值和转让价值，尚未摊销的无形资产损失，应提交以下证据备案：（1）会计核算资料；（2）企业内部核批文件及有关情况说明；（3）技术鉴定意见和企业法定代表人、主要负责人和财务负责人签章证实无形资产已无使用价值或转让价值的书面申明；（4）无形资产的法律保护期限文件。

4.3.2.8 在建工程损失的确认证据

在建工程停建、报废损失，为其工程项目投资账面价值扣除残值后的余额，应依据以下证据材料确认：（1）工程项目投资账面价值确定依据；（2）工程项目停建原因说明及相关材料；（3）因质量原因停建、报废的工程项目和因自然灾害和意外事故停建、报废的工程项目，应出具专业技术鉴定意见和责任认定、赔偿情况的说明等。工程物资发生损失，可比照存货损失的规定确认。

4.3.2.9 生产性生物资产损失的确认证据

其一，生产性生物资产盘亏损失，为其账面净值扣除责任人赔偿后的余额，应依据以下证据材料确认：（1）生产性生物资产盘点表；（2）生产性生物资产盘亏情况说明；（3）生产性生物资产损失金额较大的，企业应有专业技术鉴定意见和责任认定、赔偿情况的说明等。

其二，因森林病虫害、疫情、死亡而产生的生产性生物资产损失，为其账面净值扣除残值、保险赔偿和责任人赔偿后的余额，应依据以下证据材料确认：（1）损失情况说明；（2）责任认定及其赔偿情况的说明；（3）损失金额较大的，应有专业技术鉴定意见。

其三，对被盗伐、被盗、丢失而产生的生产性生物资产损失，为其账面净值扣除保险赔偿以及责任人赔偿后的余额，应依据以下证据材料确认：（1）生产性生物资产被盗后，向公安机关的报案记录或公安机关立案、破案和结案的证明材料；（2）责任认定及其赔偿情况的说明。

风险提示

“生产性生物资产盘亏损失”的第3项证据材料规定和“因森林病虫害、疫情、死亡而产生的生产性生物资产损失”的第3项证据材料规定2018年有变化。根据《国家税务总局关于取消20项税务证明事项的公告》（国家税务总局公告2018年第65号），自2018年12月28日起，“专业技术鉴定意见”不再需要提供，改为“企业自行出具的有法定代表人、主要负责人和财务负责人签章证实有关损失的书面申明”。

4.3.2.10 债权投资损失的确认证据

企业债权投资损失应依据投资的原始凭证、合同或协议、会计核算资料等相关证据材料确认。出现下列情况导致债权投资损失的，还应出具相关证据材料：（1）债务人或担保人依法被宣告破产、关闭、被解散或撤销、被吊销营业执照、失踪或者死亡等，应出具资产清偿证明或者遗产清偿证明。无法出具资产清偿证明或者遗产清偿证明，且上述事项在3年以上的，或债权投资（包括信用卡透支和助学贷款）余额在300万元以下的，应出具对应的债务人和担保人破产、关闭、解散证明、撤销文件、市场监督管理部门注销证明或查询证明以及追索记录等（包括司法追索、电话追索、信件追索和上门追索等原始记录）；（2）债务人遭受重大自然灾害或意外事故，企业对其资产进行清偿和对担保人进行追偿后，未能收回的债权，应出具债务人遭受重大自然灾害或意外事故证明、保险赔偿证明、资产清偿证明等；(3) 债务人因承担法律责任，其资产不足归还所借债务，又无其他债务承担者的，应出具法院裁定证明和资产清偿证明；(4) 债务人和担保人不能偿还到期债务，企业提出诉讼或仲裁的，经人民法院对债务人和担保人强制执行，债务人和担保人均无资产可执行，人民法院裁定终结或终止（中止）执行的，应出具人民法院裁定文书；(5) 债务人和担保人不能偿还到期债务，企业提出诉讼后被驳回起诉的、人民法院不予受理或不予支持的，或经仲裁机构裁决免除（或部分免除）债务人责任，经追偿后无法收回的债权，应提交法院驳回起诉的证明，或法院不予受理或不予支持证明，或仲裁机构裁决免除债务人责任的文书；(6) 经国务院专案批准核销的债权，应提供国务院批准文件或经国务院同意后由国务院有关部门批准的文件。

4.3.2.11 股权投资损失的确认证据

(1) 股权投资计税基础证明材料；(2) 被投资企业破产公告、破产清偿文件；(3) 市场监督管理部门注销、吊销被投资单位营业执照文件；(4) 政府有关部门对被投资单位的行政处理决定文件；(5) 被投资企业终止经营、停止交易的法律或其他证明文件；(6) 被投资企业资产处置方案、成交及入账材料；(7) 企业法定代表人、主要负责人和财务负责人签章证实有关投资（权益）性损失的书面申明；(8) 会计核算资料等其他相关证据材料。

被投资企业依法宣告破产、关闭、解散或撤销、吊销营业执照、停止生产经营活动、失踪等，应出具资产清偿证明或者遗产清偿证明。上述事项在3年以上且未能完成清算的，应出具被投资企业破产、关闭、解散或撤销、吊销等的证明以及不能清算的原因说明。

4.3.2.12 打包出售资产损失的确认证据

企业将不同类别的资产捆绑（打包），以拍卖、询价、竞争性谈判、招标等市场方式出售，其出售价格低于计税成本的差额，可以作为资产损失并准予在税前申报扣除，但应出具资产处置方案、各类资产作价依据、出售过程的情况说明、出售合同或协议、成交及入账证明、资产计税基础等确定依据。

4.3.2.13 其他资产损失的确认证据

企业正常经营业务因内部控制制度不健全而出现操作不当、不规范或因业务创新但政策不明确、不配套等原因形成的资产损失，应由企业承担的金额，可以作为资产损失并准予在税前申报扣除，但应出具损失原因证明材料或业务监管部门定性证明、损失专项说明。企业因刑事案件原因形成的损失，应由企业承担的金额，或经公安机关立案侦查两年以上仍未追回的金额，可以作为资产损失并准予在税前申报扣除，但应出具公安机关、人民检察院的立案侦查情况或人民法院的判决书等损失原因证明材料。

《办法》没有涉及的资产损失事项，只要符合《企业所得税法》及其实施条例等法律、法规的规定，也可以向税务机关申报扣除。

风险提示

关注《国家税务总局关于发布〈企业资产损失所得税税前扣除管理办法〉的公告》（2011年第25号）与《企业所得税法》及其实施条例之间的衔接。《企业所得税法》第八条规定：企业实际发生的与取得收入有关的、合理的支出，包括成本、费用、税金、损失和其他支出，准予在计算应纳税所得额时扣除。《企业所得税法实施条例》第三十二条规定：企业所得税法第八条所称损失，是指企业在生产经营活动中发生的固定资产和存货的盘亏、毁损、报废损失，转让财产损失，呆账损失，坏账损失，自然灾害等不可抗力因素造成的损失以及其他损失。企业发生的损失，减除责任人赔偿和保险赔款后的余额，依照国务院财政、税务主管部门的规定扣除。企业已经作为损失处理的资产，在以后纳税年度又全部收回或者部分收回时，应当计入当期收入。因此，对2011年第25号公告没有具体明确的资产损失，只要符合《企业所得税法》及其实施条例规定的原则，且证据资料充分、确凿，亦可在税前扣除。

4.3.3 几类资产损失扣除条件

4.3.3.1 除贷款类债权外的应收、预付账款损失

企业除贷款类债权外的应收、预付账款符合下列条件之一的，减除可收回金额后确认的无法收回的应收、预付款项，可以作为坏账损失在计算应纳税所得额时扣除：（1）债务人依法宣告破产、关闭、解散、被撤销，或者被依法注销、吊销营业执照，其清算财产不足清偿的；（2）债务人死亡，或者依法被宣告失踪、死亡，其财产或者遗产不足清偿的；（3）债务人逾期3年以上未清偿，且有确凿证据证明已无力清偿债务的；（4）与债务人达成债务重组协议或法院批准破产重整计划后，无法追偿的；（5）因自然灾害、战争等不可抗力导致无法收回的；（6）国务院财政、税务主管部门规定的其他条件。

4.3.3.2 贷款类债权损失

企业经采取所有可能的措施和实施必要的程序之后，符合下列条件之一的贷款类债权，可以作为贷款损失在计算应纳税所得额时扣除：（1）借款人和担保人依法宣告破产、关闭、解散、被撤销，并终止法人资格，或者已完全停止经营活

动，被依法注销、吊销营业执照，对借款人和担保人进行追偿后，未能收回的债权；（2）借款人死亡，或者依法被宣告失踪、死亡，依法对其财产或者遗产进行清偿，并对担保人进行追偿后，未能收回的债权；（3）借款人遭受重大自然灾害或者意外事故，损失巨大且不能获得保险补偿，或者以保险赔偿后，确实无力偿还部分或者全部债务，对借款人财产进行清偿和对担保人进行追偿后，未能收回的债权；（4）借款人触犯刑律，依法受到制裁，其财产不足归还所借债务，又无其他债务承担者，经追偿后确实无法收回的债权；（5）由于借款人和担保人不能偿还到期债务，企业诉诸法律，经法院对借款人和担保人强制执行，借款人和担保人均无财产可执行，法院裁定执行程序终结或终止（中止）后，仍无法收回的债权；（6）由于借款人和担保人不能偿还到期债务，企业诉诸法律后，经法院调解或经债权人会议通过，与借款人和担保人达成和解协议或重整协议，在借款人和担保人履行完还款义务后，无法追偿的剩余债权；（7）由于上述（1）至（6）项原因借款人不能偿还到期债务，企业依法取得抵债资产，抵债金额小于贷款本息的差额，经追偿后仍无法收回的债权；（8）开立信用证、办理承兑汇票、开具保函等发生垫款时，凡开证申请人和保证人由于上述（1）至（7）项原因，无法偿还垫款，金融企业经追偿后仍无法收回的垫款；（9）银行卡持卡人和担保人由于上述（1）至（7）项原因，未能还清透支款项，金融企业经追偿后仍无法收回的透支款项；（10）助学贷款逾期后，在金融企业确定的有效追索期限内，依法处置助学贷款抵押物（质押物），并向担保人追索连带责任后，仍无法收回的贷款；（11）经国务院专案批准核销的贷款类债权；（12）国务院财政、税务主管部门规定的其他条件。

4.3.3.3 股权投资损失

企业的股权投资符合下列条件之一的，减除可收回金额后确认的无法收回的股权投资，可以作为股权投资损失在计算应纳税所得额时扣除：（1）被投资方依法宣告破产、关闭、解散、被撤销，或者被依法注销、吊销营业执照的；（2）被投资方财务状况严重恶化，累计发生巨额亏损，已连续停止经营3年以上，且无重新恢复经营改组计划的；（3）对被投资方不具有控制权，投资期限届满或者投资期限已超过10年，且被投资单位因连续3年经营亏损导致资不抵债的；（4）被投资方财务状况严重恶化，累计发生巨额亏损，已完成清算或清算期在3年以上的；（5）国务院财政、税务主管部门规定的其他条件。

4.3.4 不得作为损失在税前扣除的债权和股权

下列股权和债权不得作为损失在税前扣除：（1）债务人或者担保人有经济偿还能力，未按期偿还的企业债权；（2）违反法律、法规的规定，以各种形式、借口逃废或悬空的企业债权；（3）行政干预逃废或悬空的企业债权；（4）企业未向债务人和担保人追偿的债权；（5）企业发生非经营活动的债权；（6）其他不应当核销的企业债权和股权。

风险提示

注意担保债权和关联交易债权的损失扣除规定及有关区别。第一，担保债权损失税前扣除必须是与本企业生产经营活动有关的且经过追索的。与本企业生产经营活动有关的担保是指企业对外提供的与本企业应税收入、投资、融资、材料采购、产品销售等生产经营活动相关的担保。企业对外提供与本企业生产经营活动有关的担保，因被担保人不能按期偿还债务而承担连带责任，经追索，被担保人无偿还能力，对无法追回的金额，比照《办法》规定的应收款项损失进行处理。第二，企业按独立交易原则向关联企业转让资产而发生的损失，或向关联企业提供借款、担保而形成的债权损失，准予扣除，但企业应作专项说明，同时出具有法定代表人、主要负责人和财务负责人签章证实有关损失的书面申明和相关材料。

4.3.5 金融企业贷款损失

金融企业涉农贷款、中小企业贷款逾期1年以上，经追索无法收回，应依据涉农贷款、中小企业贷款分类证明，按下列规定计算确认贷款损失进行税前扣除：（1）单户贷款余额不超过300万元（含300万元）的，应依据向借款人和担保人的有关原始追索记录（包括司法追索、电话追索、信件追索和上门追索等原始记录之一，并由经办人和负责人共同签章确认），计算确认损失进行税前扣除。（2）单户贷款余额超过300万元至1 000万元（含1 000万元）的，应依据有关原始追索记录（应当包括司法追索记录，并由经办人和负责人共同签章确认），计算确认损失进行税前扣除。（3）单户贷款余额超过1 000万元的，仍按《国家税务总局关于发布〈企业资产损失所得税税前扣除管理办法〉的公告》（国家税务总局公告2011年第25号）有关规定计算确认损失进行税前扣除。

金融企业涉农贷款和中小企业贷款的分类标准，按照《财政部 国家税务总局关于金融企业涉农贷款和中小企业贷款损失准备金税前扣除有关问题的通知》（财税〔2015〕3号）规定执行。涉农贷款，是指《中国人民银行 中国银行业监督管理委员会关于建立〈涉农贷款专项统计制度〉的通知》（银发〔2007〕246号）统计的以下贷款：（1）农户贷款；（2）农村企业及各类组织贷款。中小企业贷款，是指金融企业对年销售额和资产总额均不超过2亿元的企业的贷款。

4.3.6 申报管理

《国家税务总局关于发布〈企业资产损失所得税税前扣除管理办法〉的公告》(国家税务总局公告2011年第25号)规定：企业发生的资产损失，应按规定的程序和要求向主管税务机关申报后方能在税前扣除。未经申报的损失，不得在税前扣除。企业在进行企业所得税年度汇算清缴申报时，可将资产损失申报材料和纳税资料作为企业所得税年度纳税申报表的附件一并向税务机关报送。

2018年，为深入贯彻落实税务系统"放管服"改革要求，优化税收营商环境，减轻企业办税负担，税务总局下发了《国家税务总局关于企业所得税资产损失资料留存备查有关事项的公告》(国家税务总局公告2018年第15号)，明确取消企业资产损失报送资料。因现行企业所得税年度纳税申报表已有资产损失栏目，即A105090资产损失税前扣除及纳税调整明细表（见表4-3)，企业可以通过填列资产损失具体数额的方式，实现资产损失申报。国家税务总局公告2011年第25号第四条、第七条、第八条、第十三条有关资产损失证据资料、会计核算资料、纳税资料等相关资料报送的内容同时废止。2018年以后的"A105090资产损失税前扣除及纳税调整明细表"的表单样式及填报说明进行了大幅修订，不再区分清单申报和专项申报，而是根据资产类型分为现金及银行存款损失、应收及预付款项坏账损失、存货损失等十二类资产损失栏目。但企业仍要按照国家税务总局公告2011年第25号的有关规定，对资产损失相关资料进行收集、整理、归集，并妥善保管，即留存备查。

风险提示

企业应当了解企业资产损失资料申报管理要求的变化情况。起初，《国家税务总局关于印发〈企业资产损失税前扣除管理办法〉的通知》(国税发〔2009〕88号)对资产损失采用申报与审批相结合的管理方式，非正常损失须按规定时间和程序报税务机关审批后方能扣除；正常损失不需报税务机关审批，由企业自行申报扣除。《国家税务总局关于发布〈企业资产损失所得税税前扣除管理办法〉的公告》(国家税务总局公告2011年第25号)将非正常资产损失税前扣除审批制度取消，一律改为企业自行申报扣除，并区分清单申报和专项申报，企业将资产损失申报材料和纳税资料作为企业所得税年度纳税申报表的附件一并向税务机关申报。《国家税务总局关于企业所得税资产损失资料留存备查有关事项的公告》(国家税务总局公告2018年第15号)实施后，企业仅需填报企业所得税年度纳税申报表"A105090资产损失税前扣除及纳税调整明细表"(见表4-3)，不再报送资产损失相关资料，相关资料由企业留存备查。

表4-3

A105090资产损失税前扣除及纳税调整明细表

行次	项目	资产损失直接计入本年损益金额	资产损失准备金核销金额	资产处置收入	赔偿收入	资产计税基础	资产损失的税收金额	纳税调整金额
		1	2	3	4	5	6（5-3-4）	7
1	一、现金及银行存款损失		*					
2	二、应收及预付款项坏账损失							
3	其中：逾期三年以上的应收款项损失							
4	逾期一年以上的小额应收款项损失							
5	三、存货损失							
6	其中：存货盘亏、报废、损毁、变质或被盗损失							
7	四、固定资产损失							
8	其中：固定资产盘亏、丢失、报废、损毁或被盗损失							
9	五、无形资产损失							
10	其中：无形资产转让损失							
11	无形资产被替代或超过法律保护期限形成的损失							
12	六、在建工程损失		*					
13	其中：在建工程停建、报废损失		*					
14	七、生产性生物资产损失							
15	其中：生产性生物资产盘亏、非正常死亡、被盗、丢失等产生的损失							

续表

行次	项目	资产损失直接计入本年损益金额	资产损失准备金核销金额	资产处置收入	赔偿收入	资产计税基础	资产损失的税收金额	纳税调整金额
		1	2	3	4	5	6（5-3-4）	7
16	八、债权性投资损失（17+23）							
17	（一）金融企业债权性投资损失（18+22）							
18	1.贷款损失							
19	其中：符合条件的涉农和中小企业贷款损失							
20	其中：单户贷款余额300万元（含）以下的贷款损失							
21	单户贷款余额300万元至1 000万元（含）的贷款损失							
22	2.其他债权性投资损失							
23	（二）非金融企业债权性投资损失							
24	九、股权（权益）性投资损失							
25	其中：股权转让损失							
26	十、通过各种交易场所、市场买卖债券、股票、期货、基金以及金融衍生产品等发生的损失							
27	十一、打包出售资产损失							
28	十二、其他资产损失							
29	合计（1+2+5+7+9+12+14+16+24+26+27+28）							
30	其中：分支机构留存备查的资产损失							

“A105090资产损失税前扣除及纳税调整明细表”适用于发生资产损失税前扣除项目及纳税调整项目的纳税人填报。纳税人根据税法、《财政部 国家税务总局关于企业资产损失税前扣除政策的通知》(财税〔2009〕57号)、《国家税务总局关于发布〈企业资产损失所得税税前扣除管理办法〉的公告》(2011年第25号发布、国家税务总局公告2018年第31号修改)、《国家税务总局关于商业零售企业存货损失税前扣除问题的公告》(国家税务总局公告2014年第3号)、《国家税务总局关于企业因国务院决定事项形成的资产损失税前扣除问题的公告》(国家税务总局公告2014年第18号)、《财政部 税务总局关于金融企业涉农贷款和中小企业贷款损失准备金税前扣除有关政策的公告》(财政部 税务总局公告2019年第85号)、《财政部 税务总局关于金融企业贷款损失准备金企业所得税税前扣除有关政策的公告》(财政部 税务总局公告2019年第86号)、《国家税务总局关于金融企业涉农贷款和中小企业贷款损失税前扣除问题的公告》(国家税务总局公告2015年第25号)、《国家税务总局关于企业所得税资产损失资料留存备查有关事项的公告》(国家税务总局公告2018年第15号)等相关规定及国家统一企业会计制度,填报资产损失的会计处理、税收规定,以及纳税调整情况。

4.4 企业所得税优惠政策事项办理办法

2015年,国家税务总局根据“放管服”改革要求,发布了《国家税务总局关于发布〈企业所得税优惠政策事项办理办法〉的公告》(国家税务总局公告2015年第76号),全面取消对企业所得税优惠事项的审批管理,一律实行备案管理。该办法通过简化办税流程、精简涉税资料、统一管理要求,为企业能够及时、精准享受到所得税优惠政策创造了条件、提供了便利。

为了深入贯彻落实党中央、国务院关于优化营商环境和推进“放管服”改革的系列部署,进一步优化税收环境,税务总局对该办法进行了修订,并于2018年重新发布,即《国家税务总局关于发布修订后的〈企业所得税优惠政策事项办理办法〉的公告》(国家税务总局公告2018年第23号,本节以下简称《办法》)。根据企业所得税优惠政策调整情况,2018年第23号公告对《企业所得税优惠事项备案管理目录(2015年版)》进行了修订,编制了《企业所得税优惠事项管理目录(2017年版)》(本节以下简称《目录》),基本涵盖了截至2018年有效的企业所得税优惠政策主要事项,为企业系统掌握并准确享受企业所得税优惠政策提供了便利。值得注意的是,《目录》自2018年后尚未更新,故不包括2018年第23号公告发布后又陆续出台的若干企业所得税优惠政策。

4.4.1 优惠事项范围

《办法》所称优惠事项是指《企业所得税法》规定的优惠事项，以及国务院和民族自治地方根据《企业所得税法》授权制定的企业所得税优惠事项。包括免税收入、减计收入、加计扣除、加速折旧、所得减免、抵扣应纳税所得额、减低税率、税额抵免等。

4.4.2 优惠事项办理方式

企业享受优惠事项采取“自行判别、申报享受、相关资料留存备查”的办理方式。企业应当根据经营情况以及相关税收规定自行判断是否符合优惠事项规定的条件，符合条件的可以按照《目录》列示的时间自行计算减免税额，并通过填报企业所得税纳税申报表享受税收优惠。同时，按照《办法》的规定归集和留存相关资料备查。

优惠事项的名称、政策概述、主要政策依据、主要留存备查资料、享受优惠时间、后续管理要求等，见2018年第23号公告附件《目录》。《目录》由税务总局编制、更新。

风险提示

企业在年度纳税申报及享受所得税优惠事项前无须再履行备案手续、报送“企业所得税优惠事项备案表”、“汇总纳税企业分支机构已备案优惠事项清单”和享受优惠所需要的相关资料，原备案资料全部作为留存备查资料保留在企业，以备税务机关后续核查时根据需要提供。

相比2015年版目录，《目录》有以下三方面调整。一是统一了优惠事项的项目名称，实现了优惠事项名称在《目录》、《减免税政策代码目录》和“中华人民共和国企业所得税年度纳税申报表”等不同文件中的统一，方便企业查询和使用。二是对优惠事项进行了调整和补充，同时对政策概述、主要政策依据等内容进行了完善，对主要留存备查资料进行了细化。三是增加了“后续管理要求”项目，明确了优惠事项后续管理的有关要求。

4.4.3 留存备查资料

留存备查资料是指与企业享受优惠事项有关的合同、协议、凭证、证书、文件、账册、说明等资料。留存备查资料分为主要留存备查资料和其他留存备查资料两类。主要留存备查资料由企业按照《目录》列示的资料清单准备，其他留存备查资料由企业根据享受优惠事项情况自行补充准备。

企业享受优惠事项的，应当在完成年度汇算清缴后，将留存备查资料归集齐全并整理完成，以备税务机关核查。

企业同时享受多项优惠事项或者享受的优惠事项按照规定分项目进行核算的，应当按照优惠事项或者项目分别归集留存备查资料。

设有非法人分支机构的居民企业以及实行汇总纳税的非居民企业机构、场所享受优惠事项的，由居民企业的总机构以及汇总纳税的主要机构、场所负责统一归集并留存备查资料。分支机构以及被汇总纳税的非居民企业机构、场所按照规定可独立享受优惠事项的，由分支机构以及被汇总纳税的非居民企业机构、场所负责归集并留存备查资料，同时分支机构以及被汇总纳税的非居民企业机构、场所应在当完成年度汇算清缴后将留存的备查资料清单送总机构以及汇总纳税的主要机构、场所汇总。

风险提示

由于企业情况不同，留存备查资料难以全部列示，因此《办法》将留存备查资料分为主要留存备查资料和其他留存备查资料。企业应当按照《目录》列示的清单归集和整理主要留存备查资料，其他留存备查资料则由企业根据享受优惠事项的情况自行归集，以利于税务机关在后续管理时能够作出准确判断。

由于我国企业所得税实行法人所得税制，因此跨地区经营汇总纳税企业享受优惠事项的，应当由总机构负责统一归集并留存相关备查资料，但是分支机构按照规定可以独立享受优惠事项的，则由分支机构负责归集并留存相关备查资料。如：设在西部地区的鼓励类产业企业减按15%的税率征收企业所得税优惠事项，当设在西部地区的分支机构符合规定条件而享受优惠事项的，由该分支机构负责归集并留存相关备查资料，同时将其留存备查资料的清单提供总机构汇总。

留存备查资料是企业自行判断是否符合相关优惠事项规定条件的直接依据，企业应当在年度纳税申报前全面归集、整理并认真研判。在本企业完成汇算清缴后，留存备查资料应当归集和整理完毕，以备税务机关核查。如：企业享受《目录》第1项优惠事项，并在2018年4月30日完成2017年度企业所得税纳税申报和缴纳税款，其应在4月30日同步将第1项优惠事项的留存备查资料归集和整理完毕。分支机构以及被汇总纳税的非居民企业机构、场所按照规定可独立享受优惠事项的，完成汇算清缴后，除需要将留存备查资料归集和整理完毕外，还需将留存的备查资料清单报送总机构汇总。如：企业设在西部地区的分支机构享受《目录》第63项优惠事项，该分支机构在2018年4月30日完成2017年度企业所得税纳税申报和缴纳税款，其应在4月30日同步将第63项优惠事项的留存备查资料归集和整理完毕，并将备查资料清单报送总机构汇总。

4.4.4 企业的权利义务和法律责任

企业对优惠事项留存备查资料的真实性、合法性承担法律责任。企业留存备查资料应从企业享受优惠事项当年的企业所得税汇算清缴期结束次日起保留10年。

企业享受优惠事项后，税务机关将适时开展后续管理。在后续管理时，企业应当根据税务机关管理服务的需要，按照规定的期限和方式提供留存备查资料，以证实享受优惠事项符合条件。企业享受优惠事项后发现其不符合优惠事项规定条件的，应当依法及时自行调整并补缴税款及滞纳金。

企业未能按照税务机关要求提供留存备查资料，或者提供的留存备查资料与实际生产经营情况、财务核算情况、相关技术领域、产业、目录、资格证书等不符，无法证实符合优惠事项规定条件的，或者存在弄虚作假情况的，税务机关将依法追缴其已享受的企业所得税优惠，并按照《税收征管法》等相关规定处理。

风险提示

企业依法享有享受税收优惠的权利，也有承担依法按时如实申报、接受监督和检查的义务。《办法》所称企业包括居民企业和在中国境内设立机构、场所的非居民企业。

《办法》实施后，企业可以根据经营情况自行判断是否符合相关优惠事项规定的条件，在符合条件的情况下，企业可以自行按照《目录》中列示的“享受优惠时间”自预缴申报时开始享受优惠事项或者在年度纳税申报时享受优惠事项。

在享受优惠事项后，企业有义务提供留存备查资料，并对留存备查资料的真实性与合法性负责。如果企业未能按照税务机关的要求提供留存备查资料，或者提供的留存备查资料与实际生产经营情况、财务核算情况、相关技术领域、产业、目录、资格证书等不符不能证实其符合优惠事项规定的条件的，或者存在弄虚作假情况的，税务机关将依法追缴其已享受的企业所得税优惠。

本章相关政策附录

4.1 企业所得税税前扣除凭证

《国家税务总局关于发布〈企业所得税税前扣除凭证管理办法〉的公告》（国家税务总局公告2018年第28号）

4.2 政策性搬迁

1.《国家税务总局关于发布〈企业政策性搬迁所得税管理办法〉的公告》（国家税务总局公告2012年第40号）

2.《国家税务总局关于企业政策性搬迁所得税有关问题的公告》（国家税

务总局公告2013年第11号）

3.《财政部 国家税务总局关于全面推开营业税改征增值税试点的通知》（财税〔2016〕36号）

4.《财政部 税务总局关于明确无偿转让股票等增值税政策的公告》（财政部 税务总局公告2020年第40号）

5.《财政部 国家税务总局关于城镇房屋拆迁有关税收政策的通知》（财税〔2005〕45号）

6.《财政部 国家税务总局关于易地扶贫搬迁税收优惠政策的通知》（财税〔2018〕135号）

7.《财政部 税务总局关于延长部分税收优惠政策执行期限的公告》（财政部 税务总局公告2021年第6号）

8.《财政部 国家税务总局关于土地增值税若干问题的通知》（财税〔2006〕21号）

4.3 企业资产损失所得税税前扣除

1.《财政部 国家税务总局关于企业资产损失税前扣除政策的通知》（财税〔2009〕57号）

2.《国家税务总局关于发布<企业资产损失所得税税前扣除管理办法>的公告》（国家税务总局公告2011年第25号）

3.《国家税务总局关于企业所得税资产损失资料留存备查有关事项的公告》（国家税务总局公告2018年第15号）

4.《国家税务总局关于取消20项税务证明事项的公告》（国家税务总局公告2018年第65号）

4.4 企业所得税优惠政策事项办理办法

《国家税务总局关于发布修订后的〈企业所得税优惠政策事项办理办法〉的公告》（国家税务总局公告2018年第23号）